Anonymous

Elisabetha Albrechtin, eine erbärmlich verirrte, mit Liebesvoller Begierde gesuchte Sünderin

Anonymous

Elisabetha Albrechtin, eine erbärmlich verirrte, mit Liebesvoller Begierde gesuchte Sünderin

ISBN/EAN: 9783742894212

Hergestellt in Europa, USA, Kanada, Australien, Japan

Cover: Foto ©ninafisch / pixelio.de

Manufactured and distributed by brebook publishing software (www.brebook.com)

Anonymous

Elisabetha Albrechtin, eine erbärmlich verirrte, mit Liebesvoller Begierde gesuchte Sünderin

Nachricht

von

Einer erbärmlich verirrten, mit Liebes-voller Begierde
gesuchten, und durch eine wahre Bekehrung
erfreulich wiedergebrachten

armen Sünderin,

nahmentlich

Elisabetha Albrechtin,

So

in der Kayserl. freyen Reichs-Stadt Ravenspurg

Anno 1767. d. 4. Junii

wegen begangenen grausamen

Kindes-Mord

in einer von GOTT gewürckten bewundernswürdigen Christlichen
Freudigkeit und Standhafftigkeit

durch das Schwerdt

hingerichtet worden.

Gedruckt in Biberach, bey Caspar Wieder.

Wann der Meſſias, unſer getreuer Ertz-und Seelenhirt JESUS Chriſtus, Ezech c. XXXIV. alſo redend und weiſſagend ein- und angeführet wird: Ich will das Verlohrne wieder ſuchen, und das Verirrte wiederbringen und das Verwundete verbinden und des Schwachen warten, ſo hoffen und glauben wir, daß dieſe verheiſſende und tröſtende Warheiten in die gnädigſte Erfüllung gekommen ſeyen an einer groſſen und ſchweren, aber auch reumüthigen und begnadigten Sünderin, die verlohren, geſucht, und wiedergebracht, auch derſelben treulich gewartet worden.

Es iſt dieſelbe Eliſabetha Albrecht'in, eine zu Ravensburg An. 1737. den 4 Octob. gebohrne und auferzogene Evangel. Burgers Tochter, die nicht nur nach der leiblichen Geburt zu dem Bad der Wiedergeburt in der Heil. Tauff befördert, ſondern auch zu Kirchen und Schulen ſo angehalten worden, daß ſie eine feine buchſtäbliche Erkänntniß erlanget, und dieſelbe auch noch in ihrer Gefangenſchafft nach deren Prüfung zu erkennen gegeben hatte; da aber das bloſſe Wiſſen im Gedächtniß oder die buchſtäbliche Erkänntniß nicht genug, ſondern vielmehr verwerfflich, ſträflich und verdammlich iſt, wann ſie nicht lebendig wird und das Hertz und den Willen beſſert, ſo gieng es auch unſerer armen und juſtificirten Sünderin.

Wie ſchröcklich ſie ſich in der Sünden-Irre aus eigenem Verſchulden verlohren, wie gnädig und barmhertzig ſie die vorlauffende und mitwürkende Gnade GOttes und JEſu Chriſti und des guten Heil. Geiſtes geſuchet und wiedergebracht, auch derſelben treulich gewartet hat, werden wir aus folgender Beſchreibung erſehen.

A 2   Sie

Sie verlohre und vergienge sich in ihren Sünden so weit, daß sie auch in ihren Diensten die Liebe des Nächsten verletzte, und obgleich hier im löblichen Rath geschaffet, und nach demselben alles Gute von ihr versprochen wurde, so waren es doch nur leere Worte, denn als sie ihre hiesige Vatter-Stadt verließ und an einen andern Ort nemlich nach Lindau in Diensten sich begab, damit sie von Niemanden hier einen Vorwurff bekommen möchte, so verfiel sie daselbste in die Sünden wider das sechste Gebot, und machte ihre Glieder zu schändlichen Huren-Gliedern, welches doch GOtt zu richten gedrohet hat. Ebr. XIII. Ohngeacht sie nun vor ihrem Gewissen und allsehenden Auge GOttes, so sie nicht gescheuet, sondern gedacht: Wer siehet mich? Es ist finster um mich und die Wände verbergen mich, daß mich niemand siehet, wen soll ich scheuen? Der Allerhöchste achtet meiner Sünde nicht 2c. 2c Syr. 23, 25. sqq. wohl wußte, was sie gethan, so wollte sie doch nicht davor angesehen werden, noch sie dieselbe seyn, sondern läugnete ihrer halßstarrig, ob sie gleich von den ihrigen, nachdem sie aus ihrem Dienst von Lindau hieher gekommen, zur Bekanntniß angehalten, aber vielleicht doch nicht alle Vorsicht beobachtet wurde.

Es seye nun wie ihm wolle! Sie ließ sich von dem Teufel aus Furcht, Scham und Schande vor denen Leuten verblenden, daß sie auf eine heimliche Niederkunft und Verbergung ihrer Sündenthat und erschröcklichen Vermehrung derselben bedacht war. Sie verlohr sich in ihrer Sünden-Irre auf eine so unmenschliche und mehr als bestialische Weise, daß sie ihr heimlich aber lebendig gebohrnes Kind in ein Fürtuch einwickelte, sich mit demselben heimlicher Weise davon machte, es in ein unterwegs angetroffenes und in einem Garten befindliches 1 v. Mist-Lachen-Faß warf und sich nach Biberach flüchtete. So weit verlohr sie sich und wollte vor den Menschen keine Hure und Mörderin seyn, ob sie es wohl vor dem allsehenden Auge GOttes und ihrem noch schlaffenden Gewissen und dabey noch recht trotzig und so gar boshafftig war, daß sie noch selber hieher schrieb und sich ganz schön machte; ob sie gleich bey sich selbsten wußte, daß sie sich von dem Satan in seinen Stricken nach seinem Willen herum führen ließ. Allein die wunderbare und unerforschliche Gerichte GOttes wollten sie nicht länger verborgen seyn und in ihren erschröcklichen Sünden unerkanntlich verweilen lassen, denn das in oben angezeigtes schnödliche Gefäß geworfene Kind wurde von dem Gartens-Eigenthümer den 15. Tagen den 27. April zum grausamen famen Schröcken gefunden und der hohen Obrigkeit angezeiget. Es wurde sogleich ein Vitum Repertum vorgenommen, und da mittlerweil ihre Entfernung von hier auch offenbar worden, so warf man den Verdacht auf sie, es wurde nach Biberach geschrieben und sie daselbst verwahret. Als sie nun die That gleich selber darauf eingestanden, so hat man sie hieher abgeholet und incarceriret. Auch hier bedurffte es keines langen Untersuchens, sondern nach zweymaliger Verhör war die entsetzliche That erschöpfft, und sie erkannte und bekannte, wie weit sie sich in Sünden verlohren.

Hier fieng aber auch die vorläuffige und würkende Gnade GOttes und JEsu Christi und seines guten Heil. Geistes sie zu suchen und ihr eingeschläffertes Gewissen aufzuwecken, an. Nicht nur die innerlichen Rührungen des guten Geistes trugen da das Ihrige kräfftigst bey, sondern man schickte ihr auch zu dem Ende, da man nach hiesiger Beschaffenheit und Verfassung sie nicht persöhnlich in ihrem Gefängniß besuchen konnte, verschiedene Bücher zu, welche ihr das eingeschläfferte und auch wieder aufgewachte Gewissen und den Weg in Himmel in der Ordnung des Heils zeigten, die sie auch neben andern Gebet- und Gesangbüchern fleißig brauchte und las. Sonderlich wurde ihr auf Veranlassung Einer auch vor das Heil dieser grossen Sünderin bekümmerten hohen Obrigkeits-Person ein besonders hiezu erbaulich und schickliches Buch in die Hand geliefert, nemlich M. Wilhelm Jeremias Jacob Cleß, Stiffts Archi-Diaconi in Stutgard: Sicherer und getreuer Wegweiser für arme Maleficanten in den Gefängnissen, begreiffend:

1.) Einen schrifftmäßigen Unterricht von Buße, Glauben und seeligem Sterben,

2.) Erweckliche Gebet auf allerhand Umstände,

3.) Erbauliche Exempel wohlbereiteter Maleficanten.

In diesen Büchern las sie nun fleißig, und wurde ihr besonders in dem Letzern das Gebet einer Kindermörderin und das Exempel einer Kindermörderin bestens empfohlen.

A 3

Er verlangte zwar gleich anfänglich, da sie hieher gebracht und verhöret wurde, daß ihr Beichtvatter zu ihr gelassen werden möchte; allein obgleich derselbe hiezu ganz willig und bereit war, auch darum bat, so sollte es doch wegen obangezeigtem nicht seyn, und der persöhnliche Geistliche Besuch mußte biß auf die würckliche Lebens-Abkündigung anstehen. Inzwischen thate man auf andere Art, was man konte und die verläuffige und mitwürckende Gnade GOttes und JEsu Christi und seines guten Geistes suchte sie durch die unmittelbare innerliche und durch die mittelbare Rührungen des kräfftigen Göttlichen Worts und geistreichen ihr zugeschickter und von ihr andächtig gelesener und unter Gebet und Seuffzen gebrauchter Bücher. Und ob man schon noch keine öffentliche Spuren der würcklichen Begnadigung von ihr hören, noch auch bey dem ersten Besuch, welcher nach der würcklichen Lebens-Abkündigung den 1. Junii Vormittag sogleich geschahe, vermercken konte; vielmehr eine entsetzliche Bestürzung mit bittern und häuffigen Thränen bey einer fast ganzen Stund sich äusserte und zu sehen war, so gab der liebe GOtt dem Amt, das die Verföhnung in der Heils-Ordnung der Buße und des Glaubens prediget, einen recht augenscheinlichen und den gedeyhlichen Segen an ihr, welcher öffentlich in Kirchen und Schulen mit einem besonders hiezu verfertigten kurzen Gebet innbrünstig, und daß GOtt zu der Arbeit der Geistlichen sein gnädiges Gedeyhen geben wolle, erbetten wurde.

Nicht nur stellten sich deßwegen recht gerühret und betrübet die Leute zu dem Ende zahlreich in dem Hauß des HErrn ein, sondern auch zu Hauß und wo man gleichsam stund und gieng, geschahen die heissesten Seuffzer vor sie und vor das Geschäffte des HErrn an ihrer Seelen. Als die Lebens-Abkündigung, welche, da der S. T. Herr Stadtrichter samt den S. T. Herren Assessoribus in schwarzer Kleidung und Mänteln erschiene, und die arme Sünderin auf den Knien saß, sehr rührend war, vorüber und sie wieder in ihre Gefängniß-Stube gebracht wurde, so redete man sie mit vorausgeschicktem Gebet zu dem Dreyeinigen GOtt um seinen Segen zu diesem und dergleichen in 50. Jahren bey der Evangelischen Gemeind allhier nicht vorgekommenen und also von uns lebenden Lehrern nie verrichteten Geschäfft, aus dem Buch der Richter Cap. 11, v. 35. mit den Worten Jephthah an seine Tochter, also an: Und da er sie sahe, zerriß er seine Kleider und sprach: Ach meine Tochter, wie beugest du mich und betrübest mich. Und weiter
aus.

aus Josua cap. 7, v 19. und 20 da Josua zu Achan sprach: Mein Sohn,
gib dem HErrn, dem GOtt Israel die Ehre, und gib Ihm das Lob, und
sage an, was hast du gethan? und läugne mir nichts. Da antwortete Achan
zu Josua und sprach: Warlich, ich habe mich versündiget an dem HErrn,
dein GOtt Israel; Also und also habe ich gethan.

Eines wie das andere wurde gehörig applicirt und angewendet. Und
ob es gleich anfänglich schiene, daß sie vor Seufzen und Aechzen, Schluch-
zen und Thränen-Vergiessen nicht alles zu Herzen nehme und nehmen könne,
so war es doch bald besser und sie aufmercksamer, da man ihr ihre Sträflich-
keit ihrer entsetzlichen That und daß ihr ja nicht Unrecht geschehe, zu Gemüth führete. Sie fragte endlich nur: Ob denn gar keine Hülffe und Gnade zu Rettung und Fristung ihres zeitlichen Lebens übrig seye und bleibe? Und
als ihr darauf angezeiget wurde, daß sie bey GOtt Gnade zum Heil ihrer
Seelen in der von Ihm in seinem Heil. Wort vorgeschriebenen Heils-Ordnung und Gnaden-Mitteln erlangen könne, bey der lieben Obrigkeit aber
dörffte sie keinen Pardon zur Fristung und Schenckung ihres zeitlichen Lebens
sich vorstellen, denn sie habe den klaren und unveränderlichen Befehl GOttes
vor sich: Wer Menschen Blut vergeußt, des Blut soll wieder vergossen
werden (Gen 9, v. 6. und Sie trage das Schwerd nicht umsonst, Sie
seye GOttes Dienerin, eine Rächerin zur Straffe über den, und über die,
so Böses thut. Röm 13.

Und da sie sich also nicht über ihr eigen Fleisch und Blut und unschuldiges Kind erbarmet habe, wer sich dann zur Begnadigung ihres zeitlichen
Lebens über sie erbarmen könne?

Sie sahe die Richtigkeit der Sache, des Schlusses und der Folgen nach
und nach mehr und mehr ein, und ihr so schändlich und boshafftig getödtes
Kind schwebete ihr entsetzlich vor ihren Augen, und sprach: Ach mein unschuldiges Kind! Ach mein unschuldiges Kind!   •

Hier wurde mit allen von GOtt verliehenen und erbettenen Kräfften Gelegenheit genommen ihr das donnernde, Fluch, Tod, Hölle und Verdam-
niß androhende Gesetz zu schärffen, das Gewissen noch mehr zu regen, und
den mehr als zu wohl und viel verdienten Zorn GOttes zur zeitlichen und ewigen Straffe, wie durch Uebertrettung der H. heil. 10. Gebote GOttes überhaupt,

haupt, also besonders des sechsten Gebots, als einer schändlichen Hure, und des fünften Gebots als einer entsetzlichen und unmenschlichen Kindermörderin zu zeigen, und wie sie noch ein Kind des Todes nicht nur in der Furcht vor ihrem schröcklichen und schmählichen Zeitlichen, sondern noch mehr im Geistlichen und Sünden-Tod und was noch mehr und das meiste und bejammernswürdigste in dem zu erwartenden ewigen Tod und höllischen Verdammniß sey, und Ursach habe zu seufzen: Ach! ich bin ein Kind der Sünden, Ach! ich irre weit und breit: es ist nichts bey mir zu finden, als nur Ungerechtigkeit: All mein Dichten, all mein Trachten heisset unsern GOtt verachten: Bößlich leb ich ganz und gar, und sehr gottloß immerdar. Ach GOtt! wenn mir das fället ein, was ich mein Tag begangen, so fällt mir auf mein Herz ein Stein, und bin mit Furcht umfangen: Ja, ich weiß weder aus noch ein, und müßt ewig verlohren seyn, wann ich dein Wort nicht hätte. So wie sie mehrmalen bezeugete, daß eine von denen Haupt-Ursachen, warum sie so tief in die Stricke des Satans verwickelt worden, die Unterlassung des Gebets und der Mangel der Aufmerksamkeit und Andacht bey demselben gewesen sey, so fügte sie auf gegebene Veranlassung jener auch noch diese bey, daß sie die Betrachtung des Worts GOttes zu Hauß unterlassen, daß sie bey der öffentlichen Verkündigung desselben ihre Gedancken auf andere weltliche und sündliche Dinge gerichtet, daß sie manche Rührungen, die der heil. Geist durch das Wort wider ihren Willen gewürcket, vorsetzlich unterdrücket, und den aufkeimenden Saamen, durch Eitelkeiten, Wollüste, böse Gesellschafften rc. ersticket; daß sie so viele gute Ermahnungen ihrer Herrschafften, anstatt sie zu Herzen zu nehmen und zu ihrem Besten zu befolgen, verachtet, ja über dieselbe gespottet habe. Man bemühete sich also auch sie, wie zur Erkäntniß dieser, also der wider das Evangelium begangenen Sünde zu bringen. Da es der Mangel der Liebe GOttes über alles ist, welches eine Abweichung von seinen Vorschrifften zur Sünde macht, so zeigte man ihr auch, wie sie es in allen ihren Uebertrettungen daran habe manglen lassen, und stellete ihr die Unbilligkeit ihres Hasses gegen den so liebenswürdigen Vater ins Licht. Man hielt ihr hier auch das Exempel Davids vor, welchem nach 2 Sam. 12; v. 13 des Ehebruchs und deßwegen desselben begangenen Todschlages ohngeachtet auf sein Bekäntnis: Ich habe gesündiget wider den HErrn, die Antwort geworden ware: So hat auch der HERR deine Sünde weggenommen, du wirst nicht sterben. Und als man ihr nun die holdseligen Worte des Heilandes: Kommet her zu mir alle, die ihr mühseelig

felig und beladen feyd, ich will euch erquicken, zueignete, fo fahe man es,
daß fie erkenne, auch fie heiffe JEfus kommen. Folgende Zufprache der
fingenden Kirche empfand fie in ihrer heilfamen und balfamifchen Krafft: O,
follteft du fein Herze fehen, wie fichs nach armen Sündern fehnet! fo wohl,
wenn fie noch irre gehn, als, wenn ihr Auge vor ihm thränet! Wie ftreckte
Er Sich nach Zöllnern aus! wie eilet Er in Zachäi Hauß! wie fanfft ftille
Er der Magdalenen die milde Fluth der heiffen Thränen! und denckt nicht,
was fie fonft gethan. Mein Heiland nimmt die Sünder an.

Da nun alfo den erften Tag über unferer Elifabetha durch die Die=
ner des Worts ihr erbärmlicher Seelenzuftand auf das lebhafftefte nach dem
Fluch, Tod, Hölle und Verdammniß drohenden Gefetz Mofis vorgeftellet,
und zu dem Ende mit ihr auch auf den Knien vor GOtt ligend und anhal=
tend gebetet, auch wahre herzlich, fchmerzlich und ängftliche Reu und Leid
über ihr groffes Sünden-Elend nicht nur mehr und mehr verfpühret, fon=
dern auch offenherzig von ihr angezeiget wurde, fo konte man auch daraus,
dem Höchften zum Danck erkennen, daß die Gnade GOttes an ihr würcke,
und fie als eine verlohrne Sünderin wieder zu Recht zu bringen fuche. Man
legte alfo auch mehr und mehr neben Unterhaltung in der reumüthigen Erkänt=
niß ihres fchweren und groffen Sünden-Elendes den Troft des füffen und er=
quickenden Evangelii auf ihr aufgewachtes, verwundetes und grängftetes Ge=
wiffen, und belehrte fie aus und nach demfelben, daß es gewißlich wahr,
und ein theures werthes Wort fey, daß JEfus Chriftus in die Welt kom=
men die Sünder, alle Sünder, auch die gröften Sünder, ja die Mörder und
die Mörderinnen, dergleichen auch der bußfertige Schächer am Creutz ge=
wefen, und auch fie die Elifabetha feye, feelig zu machen, 1 Tim. 1, v 15.
Und fo wolle GOtt nicht, daß jemand verlohren werde, fondern daß fich je=
dermann zur Buße kehre und lebe, 2 Pet. 3, v. 9. Ja er wolle, daß allen
Menfchen geholffen werde und fie zur Erkänntniß der Wahrheit kommen,
1 Tim. 2, v. 4. Nach und nach faffete auch diefes Wurzel, und fie gab je
mehr und mehr zu erkennen, daß fie fpühre und an ihrer Seelen vermercke,
daß ihr GOtt in Chrifto JEfu und der würckfamen Kraffe und Troft des Heil.
Geiftes gnädig und barmherzig feyn könne und werde. Man arbeitete an
ihr, betete und fang mit ihr den erften Tag nach der Lebens-Abfprechung biß
Nachts 11. Uhr; Sonderlich wurde auch noch der Abend-Seegen und
Nacht-Gebet mit ihr vorgenommen, theils da ihr vorgebetet wurde und fie

B   herzlich

herzlich nachbetete, theils daß man sie selber beten ließ und sie recht inbrünstig selber betete. Da ihr nun dabey zu Gemüth geführet wurde, wie es, da sie so erbaulich beten könne und gelernet, doch möglich gewesen, daß sie darneben in so schwere Sünden willigen und fallen könten, so gabe sie in Antwort: Sie habe entweder gar nicht, oder nur schläfrig, hauptsächlich aber ohne Andacht gebetet, und auf das Wort GOttes wenig Acht gehabt.

Ach daß man dieses zu Herzen nehmen, dem Gebet und Wort GOttes eifriger obliegen und damit den feurigen Pfeilen des Bößwichts widerstehen, dagegen aber den Geist der Gnaden und des Gebets auf seiner Seiten haben und damit viel vermögen möchte! Jetzt war unserer Elisabetha ihr Gebet ernstlich und vermochte viel, daß man sie auch mit ertheiltem, erhaltenen und angewünschten Seegen verlassen, und der Nacht-Ruhe überlassen konnte Es wurde zwar alle Vorsicht genommen und bestellet, daß, wann sie wider Vermuthen unruhig werden möchte, man einen Geistlichen zu ihr holen sollte Allein, es hatte es GOtt Lob! nicht nöthig. Denn ob sie wol diese erste Nacht nach der Lebens-Abkündigung nicht viel schlief, so war sie doch nach dem allgemeinen Zeugniß der Wächter ruhig und still, und den andern Tag in aller Frühe wieder aufgeweckt, und munter zu Geistlichen Uebungen in Ansehung des Zuspruchs, im Beten und Singen, so daß sie wenige Zeit oder gleichsam Minuten von Morgens 5. biß Nachts 11. Uhr, anders zubrachte als auf oben angezeigte Weise.

Man fieng also gleich mit ihr zu beten an, und nach ihren erforderlichen Umständen das Morgen-Gebet wie aus dem Herzen also auch aus einem Gebet-Buch zu verrichten, und den Seegen und Beystand GOttes zu den wichtigsten Seelen-Geschäfften zu erbitten, welches unsere Elisabetha mit größter Herzens-Andacht und Freudigkeit nachbetete, und nie müd, sondern immer erweckter und brünstiger war.

Kaum hatte sie auf Zusprechen wenige Löffel voll Suppe und noch weniger etwas anders genossen, so war ihr lieb, wann sie wieder mit geistlicher Seelenspeise, Zureden, Beten und Singen genähret und erquicket wurde. Sie konte nichts weniger leiden und ausstehen, als wann man sie nöthigen wollte, etwas gutes zu essen und zu trincken zu verlangen, und damit zu erkennen zu geben, daß sie getrost seye. Eben als wann die Freudigkeit des Herzens hieraus konte abgenommen werden, da sie vielmehr aus reinern und

bessern

bessern Quellen, nemlich dem Trost des Göttlichen Wortes und dem daher entstehenden Zeugniß des Heil. Geistes herkommen müsse. Sie blieb also bey dieser lebendigen Quelle und bey ihrem JEsu, der Worte des Lebens hat, und schöpffte immer und mehr und mehr daraus Trostwasser vor ihre nach der Gerechtigkeit hungerige und durstige Seele. Da sie unter anderm nach ihrem Herzens-Zustand und Befund desselben befraget wurde, und daß sie denselben nach der Wahrheit, Redlichkeit und Aufrichtigkeit des Herzens entdecken sollte, so antwortete und sagte sie mit heitern Worten und Angesicht: es wird immer ruhiger und freudiger in meinem Herzen; morgen aber geliebt es GOtt! wann ich werde communicirt und das Heil. Abendmahl empfangen haben, denn wird meine Seelen-Ruhe groß und meine Seelen-Freude überschwenglich und himmlisch werden

Sie war auch sehr aufmercksam, da man ihr die grossen und mannigfaltigen Wohlthaten und Liebes-Proben vorhielte, die sie von dem GOtt, der die Liebe selber ist, der die Leute auf eine bewundernswürdige Weise und zum grössten Erstaunen aller nachdenckenden liebet, sowohl im Leiblichen als auch und hauptsächlich im Geistlichen, erhalten, zu dem Zwecke erhalten, daß sie ihren erhabenen und grossen Wohlthäter erkennen, sich zu ihm ziehen lassen, ihn über alles lieben, sich ihme zum Eigenthum, zum Dienste, mit Leib und Seele zu einem Opffer, das da lebendig, heilig und ihm gefällig sey, begeben, und sich durch die Güte GOttes zur Buße, zum Glauben und zur Heiligkeit leiten lassen sollte. Als man ihr vorstellete, wie schändlich und undanckbar sie sich gegen ihren grossen Wohlthäter bewiesen, wie verabscheuungswürdig und trotzig sie seine Bande zerrissen und seine Seile von sich geworffen, wie sie seine Wege immer verlassen, ihren eigenen bösen Gedancken immer mehr nachgewandelt auf dem breiten und zur Verdammniß abführenden Irrwege, immer tieffer in die Sünde gefallen, und den Reichthum der Güte, Geedult, und Langmuth GOttes verachtet habe. Als man ihr zeigte, daß GOtt ihre Seele noch liebe, sich ihres Jammers jammern lasse, sie vom Tode und Verderben zu erretten und sie in seine seelige Gemeinschafft zu versetzen bemühet sey; daß er sie eben deßwegen in ihrem Sünden-Lauff mächtig aufgehalten, ihr zugeruffen: Biß hieher sollt du kommen und nicht weiter, ihre grösseste Missethat ans Licht gebracht, sie in Gefängnisse und Banden kommen und durch die Obrigkeit zum Tode verurtheilen lassen, damit ihre ohnsterbliche und mit dem Blute des unschuldigen und unbefleckten Lammes erkauffte Seele zum ewigen Leben erhalten werden möchte.

B 2   Als

Als man sie hierauf so rührend als möglich war, bat, diese gute und
liebevolle Endzwecke GOttes an sich erreichen zu lassen, und ihm, da er
ihr zuruffe: Kehre wieder ꝛc mit betrübtem Geist und zuschlagenem Herzen,
mit der heissesten Sehnsucht nach ihm und seiner Gnade und Vereinigung, und
mit glaubigem Vertrauen auf JEsum, der dieselbe auch ihr erworben, zu
antworten: Nun ich komme, ich kehre wieder, zu dir, O du Gnadenlicht!
und leg meine Sünde nieder, HErre! für deinem Angesicht: Wirff sie, Vater!, hinter dir, zürne ferner nicht mit mir, höre meines Herzens Flehen,
laß für Recht jetzt Gnad ergehen. Bin ich gleich von dir gewichen, still ich
mich doch wieder ein, hat mich doch dein Sohn verglichen, durch sein Angst
und Todes-Pein: Ich verläugne nicht die Schuld, aber deine Gnad und
Huld, ist viel grösser, als die Sünde, die ich stets in mir befinde. Treulich
hast du ja gesuchet auch mich verlohrnes Schäfelein, als ich liefe ganz verflu-
chet in die Höllen-Pfuhl hinein; Ja, du Satans Ueberwinder! hast die hoch-
betrübten Sünder so geruffen zu der Buß, daß ich billig kommen muß, so
erkannte sie immer mehr und mehr ihre sündliche Undanckbarkeit gegen ihren
Gott, mit der äussersten Beschämung, mit Göttlicher Reue und Traurigkeit.
Ihr Verlangen nach ihm wurde brünstig, sie lechzete nach Gnade, wie ein
dürres Land nach einem erquickenden Regen und betete mit einer solchen Be-
wegung, Andacht und Innbrunst unter Vergiessung heisser Liebes- und Buß-
Thränen, daß man deutlich sahe, wie kräfftig sie GOtt zu sich ziehe. Man
konte sie also bey fernerem Besuch unterhalten von der grossen Begierde JE-
su die Sünder seelig zu machen und denen Beweisen, die Er während seines
Wandels auf Erden abgeleget, nach Luc. 15, v. 1 sq. Luc. 7, v. 37. sq. von
dem, was er zur Erlösung der Sünder gethan und gelitten, nach Galat. 4,
v. 4 ꝛc. Es. 43, v. 14, 25. von dem Verlangen nach Ihme Math. 5, v. 6.
von der Rechtfertigung des armen Sünders vor GOtt und ihren herrlichen
Früchten, nach Röm. 5, 1 sq. Röm 8, v. 33. 34. Da sie sich dann mit
Paulo für eine der fürnehmsten unter den Sündern erkannte und bekannte,
ihre Hoffnung, daß er auch sie annehmen werde, ihre Ueberzeugung davon,
ihre Freude über die auch für sie geleistete Genugthuung und Versöhnung,
ihren Glauben an sein Blut, Tod und ganzes Verdienst, und daher gegrün-
dete Versicherung durch ihn gerecht, ein Kind GOttes und Erbe des Himels
zu werden, kräfftig und freudig bezeugte.

Man suchte ihr auch in Betracht der bevorstehenden Communion
unter andern die Worte JEsu bey Matth. 11, v. 28. Kommet her zu mir

alle, die ihr mühselig und beladen seyd, ich will euch erquicken! beweg Ich an das Herze zu legen. Man zeige ihr, die auch nach ihr ausgehungerten Liebes Arme, das auch für sie huldreich geöffnete Herze, die auch für sie heilsam blutenden Wunden des allgemeinen Welt-Heilandes. Man versicherte sie, daß nichts heftiger, nichts feuriger seye, als sein Durst nach den Seelen der Menschen, nichts brünstiger als sein Verlangen nach dem Heil derselbigen. Man überzeugte sie, daß Er die Sünder gewiß annehme, daß Er sie selbsten zu sich locke und mit der rührendsten Freundlichkeit zu sich einlade, daß Er gekommen seye in die Welt, alle, auch die vornehmsten Sünder seelig zu machen und ihnen Barmherzigkeit wiederfahren zu lassen. Man stellte ihr auch vor, daß sie in der rechten Ordnung zu JEsu kommen müsse. Man sagte ihr daß sie mühseelig und beladen, daß sie von der Last ihrer Sünden, von dem Fluche des Gesetzes, von der schweren Hand des Zorns GOttes recht gedrücket, daß sie von einem ernstlichen Buß-Kampff und von den eifrigsten Bemühungen, ihre arme Seelen zu erretten, recht abgemattet, daß ihr um Trost, um Erleichterung, um Hülffe recht bange seyn, daß sie sich für das Kind des Todes, für ein höllenwürdiges Ungeheuer erkennen, daß sie unter dem Gefühl des Feuer-Eifer GOttes, der die Widerwärtigen verzehren wolle, ganz ängstlich ausruffen müsse: Ist denn keine Salbe in Gilead, oder ist kein Arzt mehr da ꝛc. Man bezeugte ihr aber auch, daß, wenn sie also zu JEsu sich nahen würde, Er sich auch werde zu ihr nahen, wenn sie auf diese Weise Ihn für den rechten Meister zu heißen ansehen würde, Er sich auch an ihr als einen solchen offenbahren, daß Er ihr ihre Sünden Wunden heilen, daß Er sie von ihrer Last befreyen, daß Er sie zur wahren Seelen-Ruhe, ja zur Ruhe des Reiches GOttes bringen und mit den Göttlichen Tröstungen seines süssen Evangelii erquicken würde.

Man setzte dergleichen Betrachtungen fort, und hielte ihr die nachdrucksvollen Worte Ezechielis cap. 16, v. 6. vor: Ich aber gieng vor dir über und sahe dich in deinem Blute ligen und sprach zu dir, da du so in deinem Blute lagest, du sollt leben, ja zu dir sprach ich, da du so in deinem Blute lagest du sollt leben. Aber wieß man ihr hauptsächlich, wie sie diejenige Sünderin seye, die zwar in einem gedoppelten Verstande in ihrem Blute da lige, jetzo nemlich, da ihre Hände mit dem Blute ihres ermordeten Kindes noch gleichsam besudelt wären, über morgen aber, wenn sie nach abgehauenem Kopffe im eigentlichen Verstand in ihrem Blute da ligen würde; wie sie aber in beeden Fällen, von ihrem Blut-Bräutigam JEsu bemercket, und mit mitleidigen Au-

B 3 gen

ßen angesehen werde, wie Er ihro jetzt, wenn sie sich nur als diejenige, die sie
seye, erkenne, und einen nach seiner Hülffe schmachtenden, bußfertigen und
Glaubens-vollen Blick nach ihm thue, liebreich zuruffe: Du sollt leben! und
nicht sterben in deinen Sünden. Sie fühlte diesen Trost und versiegelte ihn
und erflehete und bestättigte ihn mit einem darauf zu GOtt geschickten Gebet.

Man redete auch mit unserer armen Sünderin von der Rechtfertigung
des armen Sünders vor GOtt, und von der Reinigung desselben von aller
Untugend, und zeigte ihr dann aus 1 Joh 1, v. 9. unter welcher Bedingung
sie beedes zu erwarten habe. Theils unterwieß man sie von der Beschaffenheit einer rechtschaffenen Bekenntniß der Sünden, theils überzeugte man sie
von der Gewißheit der auf ein Bekenntniß dieser Art folgenden Wegnahme
derselbigen. Der treue GOtt, der da Es. 49, v. 15 gesagt habe: Kan auch
ein Weib ihres Kindleins vergessen . . . gezeichnet, werde seine Zusagen
Jer. 3, v. 12. 13 Math. 5, v. 3. Joh 3, v 16. Sprüchw. 28, v 13 gethan, halten; und da das Verdienst Christi im Glauben unser Verdienst
würde, so wäre GOtt nicht gerecht, wenn er nicht dem, der da durch den
Glauben Theil an dem leidenden und thätigen Gehorsam des Mittlers nehme,
Vergebung der Sünden, Leben und Seeligkeit schencken würde.

Zur Beförderung und Unterhaltung eines rechten Verlangens nach dem
Genuß des Leibes und Blutes JEsu Christi im Heil. Abendmal hielt man ihr
theils die Einladungs-Worte GOttes Es. 55, v. 1. 2. Wohlan alle . . . satt
werden, theils dieses Math. 5, 6. befindliche Evangelium des holdseeligsten
JEsu vor: Seelig sind . . . satt werden. Man schilderte ihr aus der ersten Stelle die Personen, welche zur Tafel des Lammes eingeladen würden,
und zeigte, sie hätte sich nicht zu bedencken, dieser lieblichen Stimme zu folgen,
da sie ja höre, daß GOtt eben diejenige, welche ihre geistliche Armuth erkennen, ruffe, und allen Menschen umsonst und aus lauter Gnaden den Genuß der himmlischen Speise anbiete. Man wieß ihr die süße und seelige Sät-
tigung, deren ihre Seele theilhafftig werden sollte. Man zeigte ihr den Ernst
ihres so holdseelig ruffenden GOttes: eben, da sie sehe, was für Jammer und
Herzeleid die Augenlust und Fleischeslust und das hoffärtige Leben bringe, halte
er ihr die Thorheit des eitlen Sinnes vor: Was zehletest du Geld dar, da kein
Brod ist, und deine Arbeit, da du nicht satt von werden kanst? Man schilderte
ihr aus der zweyten Stelle theils die Beschaffenheit, theils die Seeligkeit de-
rer, welche ein rechtes Verlangen nach dem Genuße des Leibes und Blutes
Christi

Chrifti im Heil. Abendmahl befeele. Sie müsse nach der Gerechtigkeit, so wohl nach der Gerechtigkeit JEsu Christi, als nach der Gerechtigkeit des Willens und des Lebens, wie ein Hungriger nach Speise und der Dürstige nach Tranck sich sehnen, und es müßte ihr der Leib und das Blut des HErrn eine hocher, wünschte Speise und ein hocherwünschter Tranck seyn: Ihr Verlangen nach der Gerechtigkeit müßte alsdann gestillet und sie in den noch übrigen wenigen Stunden ihres Lebens einer recht unbeweglichen Hoffnung nach, in dem Au, genblicke aber, da ihre Seele vom Leibe getrennet würde, dem Besitze aller der Seeligkeiten nach, die den Gerechten verheissen sind, seelig werden; den in dem Heil. Abendmahl empfienge sie die Versieglung der Vergebung aller ihrer Sünden und Leben und Seeligkeit.

Gleichwie sie nun immer hiezu und nach dem bishero gesagten zu der freudigen und würdigen Geniessung des Heil. Abendmals erwecket und vor, bereitet wurde, also drange man jetzt besonders darauf und ihr Beichtvatter nahme Dienstag Abends eine besondere Prüfung ihrer Erkänntniß, ihres Le, bens und Wandels und denn auch der Buß-Stücke und Früchte unter anhal, tendem und damit begleitetem Gebet zu dieser und bey dieser wichtigen und ernstlichen Beschäfftigung vor. Ob nun aber gleich auch hier die Spuhren der diese arme Sünderin suchenden Gnade GOttes sich äusserten und hervor, thaten, so hätte man doch wünschen mögen, eher und länger noch mit ihr in diesem nothwendigen und nützlichen Geschäfft umzugehen, um ihre gute Er, känntniß nach der Heils- und Gnaden-Ordnung erweitern und bevestigen zu können. Jedoch konnte und mußte man sich auch hierinnen an der Gnade GOttes in und an ihr genügen lassen, da die GOttes Krafft in ihrer Schwach, heit mächtig war, und sie sich auf den morgenden Tag herzlich erfreuete, und nach andächtigem Singen und abermaliger anhaltender inbrünstiger Gebets, Verrichtung sich getrost niederlegte und unter süssem von GOtt verliehenen Schlaf, Kräfften zu ihrer wichtigen Buß-Beicht-und Comunion-Andacht durch erbettene Gnade und Seegen GOttes erlangete.

Dieses wichtige und ihrer Seelen erfreulich und nützliche Geschäff wur, de Mittwoche Morgens in aller Frühe mit GOtt vorgenommen, wozu auch unsere sehnlich darnach Verlangen tragende Elisabetha erwachte oder ein En, gel GOttes sie erweckte, der ihr, wie dorten dem Elias zurief: Stehe auf und iß; aber nicht nur ein geröstetes Brodt und Kanne mit Wasser, sondern im Geist und Glauben den wahren Leib JEsu Christi unter dem gesegneten Brod.

Brod, und das wahre Blut JEsu Christi unter dem gesegneten Wein vor sie und ihre Sünden in den Tod gegeben und vergossen, erblickte.

Da sich nun ihr Beichtvatter samt ihren lieben Eltern, einigen Geschwisterigen und Vettern auch Baasen hiezu morgens um halb 5. Uhr einstelleten, so kan sich männiglich vorstellen, wie empfindlich, betrübt und schmerzlich diese Zusammenkunfft gewesen, und was für bittere Thränen, ja Thränen-Bach und Fluß es hier abgesetzet. Jedoch niemand war standhaffter als unsere in Gerechtigkeit Verurtheilte, und sprach aus seinen guten Gründen, daß sie nun eine begnadigte Sünderin, ein Kind GOttes und Braut JEsu Christi seye, und noch mehr jetzt durch den Genuß des Heil. Abendmals werde, allen einen Muth ein und zu. Nach einiger Hemmung der Thränen wurde Göttlicher Seegen zu der vorhabenden Communion-Handlung erbetten und ihr angewünschen. Hernach aber ihr schwerer Sündenstand noch einmal gerüget, und die Aussöhnung und Versöhnung mit ihren Eltern, Geschwisterigen und Befreundten, ja mit männiglichen vorgenommen.

In dem Ersten erkannte, bekannte und bereute sie ihre schwere und verdammliche Sünden dergestalt, daß, wo ihr GOtt den rechten Lohn geben wollt nach ihrem verdammlichen Thun, so müßte sie ganz und gar vergehn, und könne nimmermehr vor GOtt bestehn; allein sie wisse auch, nun gewiß, daß sich GOtt ihrer in Christo JEsu, ihrem Erlöser erbarmet, ihre Sünden ihr vergeben, sie zu Gnaden auf- und angenommen und der Seeligkeit bereits theilhafftig gemachet und vergwissert habe. Zu desto mehrerer Versicherung und Hoffnung wolle sie nun freudig und würdig das Heil. Abendmal empfangen.

Nach dem Andern und der Versöhnung mit den lieben Ihrigen, und mit männiglichen, gienge sie zu einem jeden der Gegenwärtigen insbesondere, und bate Vatter, Mutter, Geschwistrige, Vetter und Baasen und wer nur zugegen war, auch wegen dem gegebenen grossen Aergerniß männiglich und sonderlich die hiesige Evangel. Gemeinde und ein jedes Glied derselben insonderheit um Vergebung, kam auch den Beichtvatter besonders an, daß es in öffentlicher Gemeinde thun sollte. Eben dieses hat sie auch zu Lindau wegen dem daselbst gegebenen Aergerniß zu thun gebeten. Hier ist es geschehen, und wird auch zu Lindau, wenn diese Nachricht dahin kommt, durch sie geschehen.

Da auch ein paar Geschwistrige abwesend und von hier entfernet waren, so wurde auch ihrer aus erheblichen Ursachen gedacht und das Nöthige beobachtet, sowohl zur Versöhnung und Aussöhnung, als auch zur Warnung und

Erweckung. GOtt gebe daß alles und auch dieser seinen Zweck, nachdeme das Empfohlene bewerckstilliget worden, erreichet habe und erreichen möge, daß man sich darüber erfreuen und GOtt preisen kan.

Hier mag nicht verschwiegen werden, daß der in der Fremde befindliche redliche Bruder, um das Heil seiner Schwester sehr gerühret und bekümmert war, und deßwegen wie an seine Eltern, also auch an den Beichtvatter und an seine Schwester im Gefängniß rührend und sehr nachdrücklich geschrieben

Diese Briefe und sonderlich die zwey letztern sind ihr auch hier noch einmal bey dieser Handlung zu mehrerer Rührung ihres Herzens mit gehörigen Anmerkungen nicht ohne Seegen vorgelesen worden.

Nach diesem kame es nun darauf an, daß sich unsere arme Sünderin vor GOtt demüthigte, und ihre Beicht bußfertig ablegte. Sie fiel also auf die Knie vor GOtt nieder, und sprach ihre Beicht reumüthig und wehmüthig. Sie bliebe auf den Knien ligen biß nach der Absolutions-Rede und würcklich erhaltener Absolution und genoß auch noch das Heil. Abendmal kniend.

In der Absolutions-Rede wurden die Worte Es. 38, v 1. zum Grund geleget, die also lauten: Bestelle dein Hauß, denn du wirst sterben, und nicht lebendig bleiben. Woraus ihr zu Gemüthe geführet und an ihre Seele geleget wurde;

Erstlich: Warum sie das Hauß zu bestellen habe? Antwort: Weilen sie sterben müsse, und nicht werde lebendig bleiben, und das nicht nur deswegen, weilen es der alte Bund, daß der Mensch sterben muß, Syr. 14, v. 18. und weilen dem Menschen gesetzt ist einmal zu sterben, darnach das Gericht Eb. 9, v. 27 sondern weilen sie nach dem mit Gerechtigkeit und zu ihrer verdienten Straffe über sie gefällten und angekündeten Todes-Urthel morgen werde durch des Scharfrichters Hand und Schwerdt nach Recht und Gerechtigkeit sterben müssen, und nicht länger könne und werde leben bleiben; Also Ursach über Ursach und nicht zu verweilen, sondern unter erbetener Gnade GOttes und Beystand des Heil. Geistes alle Augenblicke ihres kurzen Lebens, wie dieser Tagen, GOtt Lob! geschehen, wohl anzuwenden und ihr Hauß zu bestellen habe. Hier wurde ihr nun eigentlich gezeiget.

Zweytens: was sie zu bestellen habe? nemlich: Das Hauß und ihr Sarg. Und ob nun gleich hier ihr mit wenigem angemercket wurde, daß unter ihrem zu bestellenden Hauß auch Zeitliche Dinge und die lieben Ihrigen verstanden werden können, mit denen sie ihre Sache ausgemachet, und sich mit ihnen versöhnet und ausgesöhnet, und alles ihnen gemachte Creutz und Jammer abgebeten; aber auch ihnen gute Erweckungen und Ermahnungen gegeben, und

C   sie

fie noch zu bitten habe, sonderlich die, so es an- und abwesend nöthig, an ihr
ein Exempel zu nehmen, so wurde ihr doch vorgestellet, daß es hauptsächlich
auf ihr Herzens-Hauß und ihre unsterbliche Seele ankomme, so sie bestellen
und also eilen und dieselbe retten müsse.   Ach! diese durch das Blut Christi
theur erkauffte und erlösete Seele solle sie nun nicht verwahrlosen, sondern
mit GOttes erbettener Gnade, Krafft und Beystand trachten daß sie als ein
Brand aus dem Feur gerettet werde.   Dem Leibe möge es denn gehen, wie
immer wolle, und wenn er durch des Henckers Hand und Schwerdt getödtet
werde, so seye demselben in der Hoffnung, daß der nichtige Leib werde verklä-
ret werden nach dem verklärten Leib JEsu Christi, geholffen, wann nur das
Herzens- und Seelen-Hauß recht und wohl bestellet, und die Seele gerettet sey.
Dahero wurde ihr dann, so viel GOtt Gnade verliehen, gewiesen

Drittens: wie sie ihr Hauß, ihre Seele zu bestellen habe, und zu dem
Ende bediente man sich der Worte Marci cap. 1, v. 15. Thut Buße und glau-
bet an das Evangelium.   Wo ihr denn die Buße, der Glaube und die Früchte davon zu Gemüthe geführet und an ihre Seele, so rührend als möglich und
GOtt Gnade gab, geleget wurden.   Nach der Buße wurde ihr überhaupt die
Herzens- und Sinnes-Aenderung vorgestellet, nach welcher sie ihr Sünden-
Elend erkennen, bekennen, herzliche schmerzliche und ängstliche Reu und Leid
darüber haben und tragen, und das vergangene und begangene Sünden-Le-
ben verabscheuen und verfluchen, und also dem lieben GOtt das Opffer eines
geängsten Geistes, eines geängsten und zerschlagenen Herzens, Psl. 51, v. 19.
in einer Göttlichen Traurigkeit, die da würcke eine Reue zur Seeligkeit, die
sie nicht gereuen würde 2 Cor. 7, v. 10. bringen müsse. Insonderheit stellete
man zur Erweckung und Unterhaltung wahrer Buße und herzlicher Reu und
Leid über ihre Sünden, ihr das ganze Gesetz und die Heil. zehen Gebote GOttes in ihrem ganzen Umfang und Krafft vor, und wie sie sich wider die erste
und andere Tafel derselben schwerlich und gröblich versündiget habe.

Wider die erste Tafel habe sie Abgötterey getrieben und andere Götter
neben dem wahren GOtt gehabt, da sie mehr Furcht und Scheu vor Menschen
gehabt als vor GOtt, und jene mehr als diesen gefürchtet, ja sich selbsten mehr
und sündlich geliebet, als daß sie den guten und heiligen GOtt geliebet und
seine Heil. Gebote gehalten hätte rc   Sie habe den heiligen Nahmen GOttes
mißbrauchet, und den Bund GOttes so offt in den Mund genommen, und doch
boßhafftig seine Zucht gehasset, und seine Worte hinter sich geworffen Ps. 50.
v. 16. 17. ja mit Lützen und Trützen sich versündiget rc Sie habe den Sabbath
entheiliget, und die Predigt und das Wort GOttes verachtet, und anstatt, daß
rc.

fie daſſelbe hätte heilig halten, gern hören und fleißig lernen ſollen, ſo habe ſie
NB. den Palm-Sontag mit Mord-Gedancken und Wercken entſetzlich, O
Jammer, O Herzeleid! entheiliget und GOttes Zorn und Gerichte gereizet
und ſich zugezogen.

Da ſie nun ſich ſo muthwillig an dem frommen und guten GOtt verſün-
diget und ſeine Ihme ſchuldige Liebe ſträflich und gröblich verletzet, ſo ſeye es
auch aus dem Mangel der Erkänntniß GOttes und ſeiner Liebe gekommen,
daß ſie keine Nächſten-Liebe gehabt, und ſich wider dieſelbe, ja ihr eigene und
ihr ſelber ſchuldige Liebe vergangen, und die andere Tafel des heiligen Geſetzes
und der heiligen Gebote GOttes muthwillig übertretten. Sie habe Eltern und
Vorgeſetzte verachtet, und nicht nur Eltern und Freunde mit ihrem Ungehor-
ſam und entſetzlichen Vergehungen biß aufs Blut betrübet, ſondern auch die
Vorgeſetzten im Weltlichen und Geiſtlichen Stand, beſonders auch ihren armen Beicht-Vatter gröblich und ſchwerlich beleidiget. Sie habe einen erſchröck-
lichen Mord an ihrem unſchuldigen Kind, an ihrem eigenen Fleiſch und Blut
begangen, und den Nächſten überhaupt mit dieſem abſcheulichen Aergerniß
betrübet. Sie habe in geiler Brunſt und ſchändlicher Hurerey die Glieder
Chriſti genommen und Huren-Glieder daraus gemacht. Sie ſeye auf verſchie-
dene Weiſe eine Diebin worden, und habe ihr ſelber die Ehre und das Leben
geraubet. Nach ihrem eigenen Geſtändniß habe ſie vor Gericht und auſſer Gericht falſch Zeugniß gegeben, und ſich von dem Vater der Lügen blenden und
verblenden und zu teufeliſcher Lugen-Arbeit öffters verleiten laſſen. Ihr Herz
ſeye ein rechter Tummel-Platz böſer Lüſten und Begierden geweſen, denen ſie,
ſtatt dieſelbe mit Göttlicher Gnade zu unterdrücken, boßhafftiger Weiſe Raum
und Platz gegeben, ihnen nachgehangen und in die ſchändlichſte Thaten aus-
brechen laſſen

Nachdem ihr nun ihr Sünden-Elend ſo lebhafft als möglich, wiederholt
vor Augen geſtellet wurde, damit ſie in ihrer Buße recht reumüthig werden
bleiben und erkennen möchte, daß ſie das ganze Geſetz ſchuldig ſeye und der
Fluch deſſelben auf ihr lige, ſo war ſie um ſo mehr geberget und ſeufzete: Ach
GOtt, wenn mir das fället ein, was ich mein Tag begangen, ſo fällt mir auf
mein Herz ein Stein, und bin mit Furcht umfangen: Ja, ich weiß weder aus
noch ein, und müſſ' ewig verlohren ſeyn, wann ich dein Wort nicht hätte. Ach
GOtt! ich hab geſündiget ſehr, und mir gemacht ein Bürd, die ſchwer! doch
bitt ich, wollſt mir gnädig ſeyn, und nehmen weg all Schuld und Pein Er-
barm dich mein in meiner Sünden-Laſt, nimm ſie aus meinem Herzen, oder eil
du ſie gebüßet haſt am Holz mit Todes-Schmerzen: auf daß ich nicht mit groß-
ſem Weh in meinen Sünden untergeh noch ewiglich verzage.   Als

Als nun das eigentliche Buß-Stück möglichst und nöthigst getrieben und vorgestellet, auch sie darüber herzlich gerühret und Göttlich betrübet war, so suchte man jetzo auch ihr Herz mit Trost aus dem süßen und Seelenerquickenden Evangelio und Glauben an dasselbe zu erfüllen.

Nach diesem seeligmachenden Glauben an das Evangelium wurde ihr die frölliche Bottschafft von der Gnade GOttes in Christo JEsu zur Vergebung aller ihrer Sünden verkündiget, und daß von diesem JEsu von Nazareth alle Propheten zeugen, daß durch seinen Nahmen alle, die an Ihn glauben, Vergebung der Sünden empfangen sollen Act. 10, v. 43 und daß dasselbe Evangelium eine Krafft GOttes seye, so da seelig mache, alle die daran glauben Röm. v 16 es lebendig erkennen, demselben seine Krafft in der Erleuchtung und Zeugniß des Heil. Geistes aus- und nach dem Wort der Warheit lassen und all ihr Vertrauen, Zuversicht und Hoffnung darauf setzen.

Man machte ihr besonders lebhafft und stellete ihr, so viel GOtt nur immer Gnade verliehen, auf das kräfftigste das Wort vom Creutz Christi als Göttliche Krafft und Göttliche Weißheit vor 1 Cor. 1, v 14 und daß sie sich nicht dafür halten solle etwas zu wissen, ohne allein JEsum Christum den Gecreutzigten 1 Cor. 2, v. 2. der wurde ihr nach seinen tröstlichen Nahmen, nach seiner hohen Persohn, nach seinem dreyfachen Mittleramt, nach seinem Gnadenwerck und Geschäfft der heilwerthen Erlösung, und nach seinem zweyfachen Stand zu ihrer Seelen Trost und Erquickung vorgehalten, und daß es je gewißlich wahr und ein theures werthes Wort sey, daß JEsus Christus komen in die Welt die Sünder seelig zu machen 1 Thn. 1, v 15. und daß GOtt die Welt also geliebet, daß Er seinen eingebohrnen Sohn gab, auf daß alle, die an Ihn glauben nicht verlohren werden sondern das ewige Leben haben Joh. 3, v 16. so gar, daß wen ihre Sünden gleich blutroth seyen, so sollen und können sie doch schneeweißwerden, und noch sie gleich wären, wie rosinfarbe, so sollen sie doch wie Wolle werden Es. 1, v. 18. Ja wenn die Sünde noch so mächtig seye, so seye doch die Gnade GOttes in Christo JEsu viel mächtiger. Röm. 5, v. 20.

Ueber diese und andere tröstliche Vorstellungen, die aus dem süßen Evangelio fliessen, ware unsere Elisabetha bey ihrem ohnehin schon freudigen und begnadigten Herzen und Gemüth, wie sie sich selber schon vorher vorstellete, in mehrere Freude und Vergnügen der Seelen gesetzet, und sprach Freuden- und Vergnügens-voll nach: Wo soll und kan ich, ich nun fliehen hin, da ich beschweret bin mit vielen grossen Sünden? wo kan ich Rettung finden? wenn alle Welt herkäme, mein Angst sie nicht wegnähme; Aber, O JEsu! voller Gnad, auf dein Gebot und Rath komnt mein betrübt Gemüthe zu deiner grossen

sen Güte: laß zu auf mein Gewissen ein Gnaden-Tröpfflein fliessen! Ich, dein
betrübtes Kind, werff alle meine Sünd, so viel ihr in mir stecken, und mich so
hefftig schrecken, in deine tieffe Wunden, da ich stets Heil gefunden. Was kan
mir denn nun schaden der Sünden grosse Zahl, ich bin bey GOtt in Gnaden,
die Schuld ist allzumal bezahlt durch Christi theures Blut, daß ich nicht mehr
darf fürchten der Höllen Quaal und Glut. JEsu! du hast auch für mich und
mir weggenommen meine Schulden durch dein Blut, laß es, O Erlöser! kommen meiner Seeligkeit zu gut: und dieweil du so zuschlagen, hast die Sünd am
Creutz getragen, ey so sprich mich endlich frey, daß ich ganz dein eigen sey.
Hierüber und durch diese Vorstellung war unsere arme aber begnadigte Sünderin in der Erblickung ihres Heilandes und seines kräfftigen und vollgültigen
Verdienstes durch den Glauben an Ihn so freudig und muthig, daß ihr Angesicht aussahe, wie eines Engels Angesicht.

Nun wurden ihr auch die Früchte der Buße und des Glaubens und zwar
so zu erkennen gegeben, was für eine sie noch in ihrem kurzen Leben zu beweisen, und was für eine sie auch jetzt noch in diesem Leben und nach demselben in
der seeligen Ewigkeit tröstlich und unaussprechlich einzuernten und zu gewarten habe. Nach jenen solle und müsse sie nun ihren Glauben durch die Liebe
thätig seyn und sich nichts, auch ihren schmählichen Tod nicht, scheiden lassen
von der Liebe GOttes, die in Christo JEsu ist, unserm HErrn Cal. 5, v. 6.
Röm. 8, v. 39. in der Hoffnung sich bevestigen und gründen, welche sie nicht
werde zu Schanden werden lassen Ps. 25, v. 1. und Röm. 5, v. 5. In der Gedult
zu ihrem Leiden sich üben, um so mehr, weilen sie sich dasselbe schuldigst zugezogen. Und also müsse es bey ihr heissen: Solls ja so seyn, daß Straf und
Pein auf Sünden folgen müssen: So fahr hie fort, nur schone dort, und laß
mich hie wohl büßen. Gib HErr! Gedult, vergib der Schuld, verleih ein
gehorsames Herze: laß mich ja nicht, wies offt geschicht, mein Heil murrend
verscherzen. Handle mit mir, wies düncket dir, durch dein Gnad will ichs leiden: laß nur nicht mich dort ewiglich von dir seyn abgeschieden! Ich will, weil
und so lang ich lebe noch, mein Creutz, Leiden und Schmach, so ich mir selber
zugezogen, gedultig, willig und frölich dir tragen nach. Mein GOtt! mach mich
darzu bereit, es dient zum Besten allezeit. Hilff mir mein Sach recht greiffen
an, daß ich mein Lauff vollenden kan. Und endlich solle und müsse sie auch
standhafft und ihrem JEsu getreu seyn, biß in den Tod, und in ihren schmählichen Tod, denn werde ihr ihr JEsus die Krone des Lebens geben Ap. 2, v. 10.
Nach diesen aber und was für Früchte sie nun hier schon und hernach in der
seeligen Ewigkeit einzuernten werde und zu gewarten habe, so werde sie nun in

Trostwort der Absolution die Versicherung der Vergebung aller ihrer Sünden,
auch ihrer schändlichen Hur-rey und ihres entsetzlichen Kindes-Mords erlangen, worauf Leben und Seeligkeit folgen werde, denn wo Vergebung der Sünden ist, da ist auch Leben und Seeligkeit. Ps. 32, v 1 Röm. 4, v. 7. Und diese
Seeligkeit habe sie den schon hier in der Gewißheit, Hoffnung und Vorschmack
Röm. 8, v. 24. 38. und 39. Dorten aber im ewigen und unaussprechlichen Genuß und Besitz, denn es hats noch kein Aug gesehen ꝛc. 1 Cor. 2, v. 9. und
es ist noch nicht erschienen, was wir seyn werden 1 Joh. 3, v 2.

Hier wurde ihr dann, da sie noch auf den Knien lag, die Priesterliche Hand
aufgeleget und im Nahmen GOttes, des Vatters, des Sohnes und des Heil.
Geistes die Absolution gesprochen, mit dem herzlichen Seufzen, daß der Geist
JEsu Christi ihrem Geist das Zeugniß gebe, daß ihr die Sünden vergeben,
und sie ein Kind GOttes seye.

Das Siegel davon empfieng sie nun im Heil. Abendmahl, davon die
würckliche Handlung jetzt vorgenommen, und unsere nach der Gerechtigkeit
hungerige und durstige Elisabetha mit dem wahren Leib und Blut JEsu Christi gespeiset und geträncket wurde.

Gleichwie sie nun vorher bezeuget, daß ihre Seelen-Freude und Ruhe
nach dem Genuß des Heil. Abendmahls, bey ihr überschwenglich werden und
seyn würde, also war es, GOtt Lob! auch. Sie lobete und danckete GOtt
herrlich und freudig, wie in den mit ihr vorgenommenen und unterhaltenen
Danck-Gebetern, also auch mit Lob- und Danck-Ermunterungen und Gesän-
gen, als: Lobe den HErrn meine Seele, und was in mir ist ꝛc. Ps. 103,
v. 1. 2. 3. Ich freue mich in dem HErrn und meine Seele ist frölich ꝛc. Es.
61, v. 10 Ehe man hier weiter gienge, so wurde ihr noch der Priesterliche
Seegen unter aufgelegter Hand ertheilet. Nach diesem sange man noch verschiedene Lieder mit ihr, als: Nun lob mein Seel den HErren ꝛc. Der HErr
ist mein getreuer Hirt ꝛc. JEsum lieb ich ewiglich ꝛc. Nun laßt uns GOtt
dem HErren, danck sagen ꝛc. Sie sang mit heller und freudiger Stimme mit,
und zwar so, daß sie nicht nur zum voraus, ob es schon zimlich hoch vom
Thurn auf die Gasse war, gehöret wurde, sondern die dabey vorkommende
allgemeine Verheissungen und Tröstungen eignete sie sich aus eigenem Trieb
und zur freudigen Verwunderung ihres Beichtvatters so zu, daß, wenn zum
Exempel in dem Lied: Nun laßt uns GOtt dem HErren ꝛc. vorkame: Ein Arzt
ist uns gegeben, so sange sie: Ein Arzt ist mir gegeben ꝛc. und so machte sie
es bey allen allgemeinen Ausdrücken und eignete sich ihren Heiland, und seine
uns ihr erworbene Heils- und Gnaden-Schätze, Güter und Wohlthaten im
Glau-

Glauben zu, und drückte allemal ihre Hand auf ihre Bruſt, und gab damit auch äuſſerlich ihre innerliche Herzens-Beſchaffenheit und Glaubens-Freudigkeit und Zueignung zu erkennen.

Als nun dieſe heil. und wichtige Handlung, ſo von Morgens halb 5. Uhr biß gegen 8. Uhr gedauret, in Gegenwart verſchiedener auch anderer Glaubensgenoſſen Perſohnen mit Freuden und Lobe GOttes geendiget war, und es zum Abſchiede der lieben Ihrigen kame, ſo wollte ſie durchaus nicht mehr haben, daß man über ſie und ihrentwegen mehr weinen, ſondern GOtt vor ſie dancken ſolle. Denn ſie ſeye nun von GOtt begnadiget und zu Gnaden angenommen, und wolle nun Pfingſten in dem Himmel bey ihrer Leibl. ſeeligen Mutter, die vor 17. Jahren den 12. May geſtorben, halten. Es mochten auch die andern Thränen vergieſſen, wie ſie wolten, ſo meinete ſie nicht mehr, ſondern war freudig und getroſt, und alſo ihre Seelen-Ruhe groß, und ihre Seelen-Freude überſchwenglich.

In dieſem freudigen und getroſten Muth bliebe ſie unter Göttlicher Gnade nicht nur, ſondern ſie wurde auch den ganzen Tag darinnen durch den abwechſelnden Zuſpruch der Geiſtlichen, anhaltendem Gebet und Singen, unterhalten. Und ob ſie gleich dem Leibe nach etwas abgemattet ſchien, da dieſe Handlung ſehr frühe angefangen, und lange mit vollem Eifer gedauret hatte, ſo überfloß doch ihr Mund noch von lauter Lob- und Danck-Liedern.

Man freute ſich mit ihr und wünſchte ihr Glück dazu, daß der treue Seelen-Hirte nicht nur ein verlohrnes Schaaf an ihr wieder gefunden, ſondern daß er es auch auf die beſte Weide geführet, der alleredelſten Koſt gewürdiget, an dem Brunnen des Heils gelabet, mit himmliſcher Wolluſt geſättiget, und aller ſeiner Gnaden-Schätze theilhafftig gemachet hätte. Man beveſtiate ſie in dieſer heiligen Freude, man gründete ſie immer mehr in der getroſten Hoffnung des ewigen Lebens. Man wapnete ſie immer mehr und mehr gegen die Schrecken des bevorſtehenden, und zwar ſchmählichen Todes. Von dieſem konnte man mit ihr frey reden, und nichts brachte ſie aus ihrer guten Verfaſſung, da ſie mit den Waffen des Troſtes und dem Schwerdt des Geiſtes verſehen war. Inſonderheit machte auch folgender Vers einen groſſen Eindruck auf ſie: Ein einziger Streich wird alles enden, wenn Streich und Tod beyſammen ſeyn, drum ſchlage F Err mit Vaters Händen, und ſchließ in JEſu Tod mich ein, wenn Kopff und Leib zu Boden fällt, daß ſich die Seel an JEſu hält. Nicht minder wurden ihr auch erwecklich die Worte Chriſti, bey Joh. 6, v. 54. vorgetragen: Wer mein Fleiſch iſſet und trincket mein Blut, der hat das ewige Leben, und ich werde ihn am jüngſten Tage auferwecken.

Hier

hier zeigte man, zu was für einem Freudenvollen, vollkommenen, heiligen und unaufhörlichen glückseligen Leben sie nun für dieses elende, unvollkommene und mühselige Leben durch den würdigen Genuß des Leibes und Blutes Christi, nicht nur eine Hoffnung, sondern ein Recht, und nicht nur ein Recht, sondern das sicherste Unterpfand empfangen hätte, darauf sie sich freuen und sagen könne: Es seye ein Leben, gegen welches hier die ganze Welt mit ihrer Zier durchaus nicht zu vergleichen. Da werde seyn das Freudenleben, da viel tausend Seelen schon sind mit Himmels Glanz umgeben, dienen GOtt vor seinem Thron: da die Seraphinen prangen, und das hohe Lied anfangen: Heilig! heilig! heilig heißt, GOtt der Vatter, Sohn und Geist! Nur Flügel her, dem Himmel zu ꝛc. ꝛc. welches Lied ihr ganz nach ihrem Begehren schriftlich zugestellet wurde.

Man ermunterte sie an diesem ihrem Communion-Tage zum Preiß der Gnade GOttes und JEsu aus Ps. 103, v. 1 sq. Man redete von ihrer Vereinigung mit ihrem Seelen-Bräutigam JEsu Christo vermittelst desselben nach Cos. 2, v. 19 und Gal. 2, v. 20. Sie wurde zur Treue gegen JEsum und zum Bleiben in Ihme und seiner seeligmachenden Gemeinschaft durch einen biß in den Tod daurenden Glauben erwecket und ermahnet. Wobey sie über die ihr widerfahrene Gnade und Barmherzigkeit gerühret, von freudigem Danck überfloß, und sich nichts von JEsu scheiden zu lassen, sondern Ihm getreu zu verbleiben biß in den Tod, so wie mit ihren eigenen Worten, also auch mit den Worten Pauli Röm 8, v 35 sq. Wer will mich scheiden von der Liebe GOttes ꝛc. und mit denen Versen: hErr, mein Hirt, Brunn aller Freuden! Du bist mein: ich bin dein: niemand kan uns scheiden. Ich bin dein, weil du dein Leben, und dein Blut, mir zu gut, in den Tod gegeben. Du bist mein, weil ich dich fasse, und dich nicht, O mein Licht! aus dem Herzen lasse. Laß mich! laß mich hingelangen, da du mich, und ich dich, leiblich werd umfangen. JEsu leben, JEsu sterben, JEsu einzig eigen seyn, und mit JEsu Worten erben, diß ist mein Gewinn allein: JEsu will ich seyn und bleiben! niemand soll mich von ihm treiben: laß ich gleich Gut, Blut und Ehr, JEsum dennoch nimmermehr! erklärte. Man wies ihr über Es. 61, v. 10. den Rock der Gerechtigkeit und die Kleider des Heils, mit welchen eine an JEsu Tafel bewirthete Heilsbegierige Seele geschmücket worden wäre, nebst der Schönheit des Schmucks, in dem sie prangete; schilderte die Freude in dem hErrn, in welcher ihre Lippen voll Jauchzens wären, auf der interessantesten Seite, die man daran isset und zeiget, daß es eine wohlgegründete Beruhigung wirkt. An dieser Frucht, setzte man hinzu, solte sie erkennen, ob sie würdig vom Brod

gegessen

gegessen und aus dem Kelche getruncken hätte. Man stärckte sie aber auch
in ihrer Freude über dem HErrn, und vergwisserte sie ihres Rechts dazu.
Man kan sich leicht vorstellen, daß unter so vielen und anhaltenden geistlis
chen Geschäfften unsere darzu immer willige und freudige Elisabetha gantz
matt worden. Da sie sich nun auf das Bett legte und sanffte einschlief, so
erschrack sie gleichsam über sich selbsten, als sie wieder erwachte, und einen
Geistlichen Besuch bekam. Allein, es hatte dieser Schlaf keine leichtsinnige
keit zum Grund, sondern war eine Folge eines ruhigen Gewissens, und also
durffte man sich auch darüber nicht betrüben, sondern erfreuen. Man nahme dahero Gelegenheit, sie auch im Geiste und in der Glaubens-Freudigkeit
zu stärcken. Man legte dabey die Worte des alten Simeons zum Grunde:
HErr! nun lässest du deinen Diener im Friede fahren! wie du gesagt hast,
denn rc. rc. Man erklärte ihr kürtzlich diese Worte, und machte die Anwendung auf sie dahin, daß das glückliche Nun sich auch immer nähere, da sie
auch im Frieden fahren könte, da sie ihren JEsum in ihren Glaubens-Armen
und in ihrem Hertzen eingeschlossen hielte und sagen könne: Ja, ja, ich hab
im Glauben, Mein JEsu! dich geschaut, kein Feind kan dich mir raus
ben, wie hefftig er auch draut: ich wohn in deinem Hertzen, und in dem Meinen du; uns scheiden keine Schmertzen, kein Angst, kein Tod darzu. Mit
Fried und Freud ich fahr dahin in GOttes Wille, getrost ist mir mein Hertz
und Sinn, sanfft und stille, wie GOtt mir verheissen hat, der Tod ist mein
Schlaf worden. Auf meinen JEsum will ich sterben, getrost rc. rc.

Man redete, weil der folgende Tag ihr Todes-Tag seyn solte, mit ihr
von dem Tod, und wurde ihr zuerst die, wegen der Sünde überhaupt, und
von ihr begangenen groben und abscheulichen Sünden insonderheit, Sckre-
ckensvolle Seite desselben, darnach aber auch seine liebliche, angenehme und
erfreuliche Gestalt und Seite gezeiget, auf welcher ihn begnadigte, gerechte, mit JEsu vereinigte, und im Glauben standhaffte Menschen ansehen
können, die er von der Sünde und allem Uebel erlöset, die er aus dem Gefängnisse in die herrlichste Freyheit führet, die er zum Anschauen GOttes,
zum Genusse der vollkommensten Güther und einer ewigen über alle massen
wichtigen Herrlichkeit und zum freudigen Umgang mit denen Geistern der
vollendeten Gerechten bringet. O wie freuete sie sich nicht, als eine mit
JEsu dem Ueberwinder des Tods vereinigte auf diesen nahe bevorstehenden
Tod, ohne durch die gewaltsame und schmähliche Art desselben in ihrer Freude sich stöhren zu lassen. Wie hertzlich wünschte sie nicht, daß die Stunde
schon da seyn möchte, daß sie durch denselben frey gemacht würde von allem

D

dem,

dem, was sie noch von der genaueſten Gemeinſchafft GOttes und ihres Erlöſers abhielt. Wie ſehnlich rief ſie nicht aus: Komm, O Tod! du Schlaffes Bruder! komm, und führe mich nur fort! löſe meines Schiffleins Ruder, bringe mich in ſichern Port: es mag, wer da will, dich ſcheuen, du kanſt mich vielmehr erfreuen, denn durch dich komm ich hinein zu dem ſchönſten JEſulein. Ach! daß ich den Leibes-Kercker heute noch, verlaſſen müßt, und käm an den Sternen-Ercker, wo das Hauß der Freuden iſt, da wolt ich mit Wort-Gepränge, bey der Engel groſſen Menge, rühmen deiner Gottheit Schein, allerſchönſtes JEſulein. Kan mich doch kein Tod nicht tödten, ſondern reißt meinen Geiſt aus viel tauſend Nöthen; ſchleußt das Thor der bittern Leiden, und macht Bahn, da ich kan geh'n zur Himmels-Freuden. Wie begierig, ſprach ſie, will ich nicht mein ſo unſchuldig und grauſam getödtetes Kind im Himmel auffuchen, das mich vielleicht ſchon erwarten und empfangen wird, daſſelbe um Verzeihung bitten, mit ihme zu dem Throne GOttes eilen, und für meine Begnadigung und Seeligkeit dancken, und mich mit ihme ewig freuen.

Es wurde ihr auch die Begnadigung der groſſen Sünderin Luc. 7) v. 36. 50. als ein vor ſie erquickliches und erwünſchtes Evangelium vorgeſtellet. Man wolte ſie daher nun auch zur Nachahmung ihrer Danckbarkeit für die Wegnahme ihrer Sünden anweiſen, und man mußte bemercken, daß ſie dieſes recht von Herzen gern ſah. Man ſtellte ihr dieſes Weib als eine groſſe Sünderin nach den Zügen dar, die der 38. Vers an die Hand gab. Man überzeugte ſie aus dem 47. Vers, daß ſie, als ſie kam, JEſum zu ſalben, bereits Ruhe für ihre Seele gefunden gehabt hätte. Man zeigte ihr, daß ſie eben darinne, worinnen es billig geſchahe, gegen ihren Seelen-Freund ſich erkenntlich betrieſen habe. Man ſagte ihr von der Koſtbarkeit der Salbe, womit ſie ſeine Füſſe ſalbete. Man deckte ihr heiſſes Verlangen ihm zu dienen, und die Traurigkeit über ihre ehemalige Sünden nebſt der Demuth auf, in welchen ſie Ihme die Ehre der Danckbarkeit erwieß. Man zeigte, daß es nicht anders hätte ſeyn können, als daß ſie, nachdem ihr viel vergeben worden wäre, auch viel geliebet hätte. Man redete aber auch von dem vortheilhafften Ausgang der Begebenheit, da ſie abermals Abſolution erlangte, und von nun an, da ihre Seele ſchon zufrieden war, noch mehr im Frieden wandelte. Man erinnerte ſie hierauf, daß ſie eine noch gröſſere Sünderin, als dieſes Weib geweſen wäre, und wie herzlich und gnädig ſich auch ihrer GOtt angenommen hätte. Man legete ihr denn die Pflichten vor, die ſie nun

nun noch in den übrigen Stunden ihres Lebens, danckbar für ihre Begnadigung
zu beobachten hätte. Sie hätte sich willig der Gerechtigkeit zu unterwerffen,
und dahin zu sehen, daß sie durch einen erbaulichen Tod das Aergerniß, so
sie angerichtet hätte, tilgete. Weit entfernet, daß sie ihr Leben zu kostbar
achten dürffte, so hätte sie sich vielmehr nach dem Augenblicke zu sehnen, da
sie es zur Befriedigung der weltlichen Gerechtigkeit hingeben solle. Sie dörffe
es so wenig an diesen Pflichten mangeln laffen, daß sie sich vielmehr in heiliger Scham und Reue über ihre begangene Sünden für unwürdig zu achten
hätte, GOtt durch diesen Gehorsam zu ehren. Man sagte ihr, das würde
ihr ein Zeichen seyn, daß der Friede, dessen sie sich rühme, Göttlicher Friede
wäre, wenn sie zur Beobachtung dieser Pflichten freudig entschlossen wäre;
und man sahe wohl, daß es ihr von Herzen gienge, als sie sagte: Sie würde, wenn sie auch Pardon erlangen könte, doch lieber die weltliche Gerechtigkeit befriedigen. Man bevestigte sie in diesen seeligen Gedancken durch
die Vorstellung der Größe, der ihr wiederfahrenden Gnade GOttes. Man
zeigte ihr aber auch, daß in dieser Gesinnung immer mehr und mehr ihre
Rechtfertigung versichert werden würde; wenn sie den Weg zur Gerichts-
Stätte antretten würde, würde ihr JEsus durch seinen freudigen Geist zu-
ruffen: Gehe hin im Frieden, und auf der Todesbahn selbst würde sie einmal übers andere hören; Dir sind deine Sünden vergeben.

Wann mittlerweile auch verschiedene andere Persohnen zu ihr kamen,
sie besuchen und sehen wolten, so sagte sie ihnen gemeiniglich neben andern
guten Ermahnungen und Warnungen, daß man einen Spiegel und Exempel
an ihr nehmen, und sich besser halten und aufführen solle, als sie leider! gethan habe, doch solle man auch GOtt vor sie dancken, daß er sie nun in sol-
che gesegnete Seelen-Umstände versetzet. Sonderlich ist auch merckwürdig,
daß, da eine gewisse junge Persohn mit Fleiß, nachdem man es ihr vorher
anzeigte und sie es erlaubte, zu ihr gebracht wurde, an ihr ein Exempel zu
nehmen und sich zu bessern, sie dieselbe unter andern auch mit diesen Worten
anredete und ihr zusprach: Sie höre, daß sie ihren Eltern ung. horsam und
ungetreu sey, und daß sie sonderlich auch ihrer Stiefmutter vielen Verdruß
mache, und ihre Untreue und Bosheit auf sie schiebe, wie sie denn sogar
deßwegen specielle Umstände anführete; sie soll sich doch um GOttes Willen
bessern, an ihr spiegeln, nicht länger in ihren Sünden verweilen, noch daraus, wie sie, in gröffere Sünden und also auch in gröffere Straffen verfal-
len. Davor sie GOtt in Gnaden behüten wolle. Es schien auch diese Per-

D 2   sohn

ſohn nicht ungerührt zu ſeyn, da ſie ſowol der armen warnenden und ermahnenden Sünderin, als auch anderen die Hand gab und Lebensbeſſerung verſprach. Ach der HErr gebe es gnädiglich! So wurde denn der letzte Tag ihres Lebens vor ihrer Ausführung biß Nachts 11. Uhr zugebracht; und da noch mit ihr geſungen und gebetet, und vor alle Wolthaten ſonderlich auch vor die würdige Genieſſung des hochwürdigen Heil. Abendmahls gedancket wurde, und ſie auch noch herzlich und anhaltend betete und vor alle ihrentwegen gehabte und angewendete Mühe und Arbeit danckete, ſo wurde ſie noch ſchließlich geſegnet und damit der Nacht-Ruhe zur Erholung ihrer Leibeskräfften auf den bevorſtehenden bedencklichen, ihr aber immer freudiger wordenen Todes-Gang empfohlen und überlaſſen.

Der liebe GOtt, ſein Nahme ſey ewig dafür gelobet! hat auch hier ihr beſondere Gnade verliehen, wie ſie es vermuthete, und ſelber vorher ſagte. Sie ſchlief gegen 12. Uhr ein, ruhete ſo ſanfft und ohnunterbrochen, wie ein unſchuldiges Kind, und wachte nicht eher auf, als biß nach 4 Uhr, und zwar recht munter und ſo aufgeweckt und freudig, daß, da zwey ledige Baaſen mit, von der Fußſohlen biß auf die Scheitel, ganz weiſſen von nahen Anverwandten angeſchafften Kleidern zu ihr kamen, und ihr dieſelben zum Ankleiden überbrachten und zeigten, ſie ſich derſelben freuete und in dieſe Worte ausbrach: Wenn ſie einmal Bräute würden, ſo werden ſie nicht ſo ſchöne weiſſe Kleider anhaben, als ſie an ihrem heutigen Hochzeit-Tage anlege, da ſie zu ihrem Bräutigam der Seelen Chriſto JEſu komme. Sie legte ſich ſelber mit weniger Hülffe ihrer Baaſen an, betete vor ſich ſelber und verlangte, daß man mit ihr ſingen ſolte, und zwar unter andern auch: Ach HErr, laß deine Engelein, am letzten End die Seele mein in Abrahams Schos tragen; den Leib in ſein'm Schlaf-Kämmerlein gar ſanfft ohn' einig Qual und Pein ruh'n biß an jüngſten Tage: alsdann vom Tod erwecke mich, daß meine Augen ſehen dich in aller Freud, O GOttes Sohn! mein Heiland und mein Gnaden-Thron! HErr JEſu Chriſt, erhöre mich! erhöre mich! ich will dich preiſen ewiglich. Dieſes und anderes ſange ſie abermalen mit ſo heller und freudiger Stimme mit, daß man ſie vor allen andern biß auf die Straſſe und Gaſſe herunter hörete.

Mittlerweile ſtellete ſich mit 5. Uhr morgens der Geiſtlichen Zuſpruch und Gebet wieder ein, und damit wurde ſie denn anhaltend biß zur Zeit der Ausführung mit beſonderer Freudigkeit ihres Herzens und groſſem Verlangen nach

nach ihrem, obgleich schmählichen Tod, doch seeligen Ende unterhalten. Ihre Sterbens-Freudigkeit unterstützte man aus Sprüchw. 14, v 32. Der Gerechte ist auch in seinem Tod getrost. Man zeigte ihr, die Herzhafftigkeit des Gerechten in seinem Tode nicht nur überhaupt, sondern auch in einem gewaltsamen und unehrlichen Lebens Ende. Eben den Muth des Gerechten schilderte man ihr, den sie hernach selbsten in der That zeigte. Man beschrieb ihr den Gerechten, der dieses Todes sterben könne, und wieß ihr, daß er eben seines Glaubens wegen an Christum ohne alle Furcht vor irgend einer Straffe in jener Welt, und so getrost die Bahn des Todes betretten und gehen und vollenden könne.

Damit unsere Elisabetha desto gewisser überzeuget würde, auch ihr Ende, könne seyn, wie des Gerechten sein Ende, so redete man abermals von ihrem Seelen-Zustand mit ihr und wendete denn alles auf sie an, was man vorher von dem getrosten Ende des Gerechten überhaupt gesagt hatte. Man ließ sie endlich das Apostolische Glaubens-Bekenntniß, die Erneuerung des Tauf-Bundes, und nach den sieben Worten der gecreutzigten Liebe gemachte Seufzer, so wie alles dieses auf einen an der Pforte der Ewigkeit stehenden Christen gerichtet ist, nachbeten. Man dancksagete hierauf GOtt in ihrem Nahmen für alle das Gute, das sie von Kindheit an biß auf diese Stunde empfangen hatte, besonders aber noch für die Gnade, nach welcher er sie noch auf ihren verfluchten Wegen heilsam ergriffen, beichtete ihm ihre Sünden, sagte ihm den Gehorsam eines willigen und freudigen Todes zu, betete noch um den getrosten Muth des Gerechten in seinem Tode und um ein seeliges Ende: Ich dancke dir von Herzen, O JEsu liebster Freund! für deine Todes Schmerzen, da du's so gut gemeint; Ach! gib daß ich mich halte zu dir und deiner Treu, und wenn ich nun erkalte, in dir mein Ende sey ꝛc. ꝛc. Wie sie nun dieses alles mit unveränderter Gegenwart und völliger Andacht des Geistes nachgesprochen, und mit Danckbarkeit erkannt hatte, so geschahe es auch weiter, da man sie bey ihren weissen Todes-Kleidern erinnert an die Kleider des Heils und den Rock der Gerechtigkeit, die ihr JEsus erworben, und an die weissen Kleider, in welchen die, so ihre Kleider gewaschen und hell gemacht haben in dem Blute des Lammes, vor dem Throne GOttes stehen. Sie erklärte sich freudig: Christi Blut und Gerechtigkeit ist setzt mein Schmuck und Ehren-Kleid, damit will ich vor GOtt besteh'n, wann ich werd in den Himmel geh'n. Welchem hinzu gethan wurde: Bald werd ich dort gezieret mit Kleidern die schneeweiß. Sie sahe noch wie den vorig-s

D 3

Tag der immer näher kommenden Todes-Stunde mit brennendem Verlangen entgegen. Sie sagte: Dieses seye ihr Freudenvoller seeliger Hochzeit-tag. Sie seye eine Braut des Lammes. Bald werde sie ihr Bräutigam holen. Man hieß sie sich denselben, wenn sie den letzten Streich empfangen solle, vorstellen, ihn im Glauben und Liebe ansehen, als den, der bey ihr stehe und ihr zu ruffe: Fürchte dich nicht, dann ich bin mit dir, weiche nicht ꝛc. Fürchte dich nicht, denn ich habe dich erlöset, ich habe dich bey deinem Nahmen geruffen, du bist mein. Sey getreu biß in den Tod ꝛc. Sie seufzete Glaubensvoll mit: Wenn mein Herz dran denckt, daß es ist besprenget mit des Heilands Blut, hoch es sich erfreuet, und den Tod nicht scheuet, stirbt mit gutem Muth. HErr! GOtt Vatter, mein starcker Held, du hast mich ewig vor der Welt in deinem Sohn geliebet: Dein Sohn hat mich ihm selbst vertraut, er ist mein Schatz, ich bin sein Braut, sehr hoch in ihm erfreuet. Eja! Eja, himmlisch Leben wird er geben mir dort oben, Ewig soll mein Herz ihn loben. Wie bin ich doch so herzlich froh, daß mein Schatz ist das A und O, der Anfang und das Ende! Er wird mich doch zu seinem Preiß aufnehmen in das Paradeiß: des klopff ich in die Hände. Amen! Amen! komm, du schöne Freuden-Krone! bleib nicht lange: Deiner wart ich mit Verlangen. Sie sagte sie wolle sich getrost in die Arme ihres Seelen-Bräutigams hineinwerffen. Man suchte sie wider alle zubesorgende Todesfurcht zu verwahren durch die Versicherung JEsu Joh 11, v. 25 Ich bin die Auferstehung und das Leben ꝛc. durch die Erinnerung ihrer Tauffe, und Erneuerung ihres Tauff-Bundes bey dem Genusse des H. Abendmahls, woben gesprochen wurde: Ich habe JEsum angezogen schon längst in meiner Heil. Tauff: Du bist mir auch daher genug, hast mich zum Kind genommen auf! Mein GOtt! ich bitt durch Christi Blut, mach nur mit meinem Ende gut! durch die gnädige Verheissung JEsu denen gläubigen Communicanten Joh. 6, v. 54 gegeben: Wer mein Fleisch isst ꝛc. mit dem Verse begleitet: Ich habe JEsu Fleisch gegessen, ich hab sein Blut getruncken hier: Nun kanst du meiner nicht vergessen: ich bleib in ihm, und er in mir. Mein GOtt! ich bitt durch Christi Blut, mach nur mit meinem Ende gut! Durch den Beistand des Geistes der Gnaden, der Kindschafft des Gebets, der das Pfand unsers Erbes ist zu unserer Erlösung. Durch die Gesellschafft der Heil. Engel: Ach HErr laß deine Engelein ꝛc. Deinen Engel zu mir sende, der des bösen Feindes Macht, List und Anschläg von mir wende, und mich halte in guter Acht, der auch endlich mich zur Ruh, trage nach dem Himmel ꝛc. Breite aus die Flügel beyde, O JEsu, meine Freude, und nimm dein Küchlein ein; will Satan mich verschlingen, so laß die Engel singen: diß Kind soll unverletzet seyn! Durch die Versicherung einer frölichen Auferstehung, durch die Vorstellung der unendlichen und ewigen auf den Tod folgenden Herrlichkeit. Im Himmel ist gut wohnen, wo nichts als tausend Lust, wo so viel Engel frohnen, wo kein Verdruß bewußt: dahin steht mein Begehren, der Himmel bleibet mein, ach JEsu, wollsts gewähren! im Himmel ist gut seyn. Sie wurde auch durch Vorlesung des Lieds: Ich eile meiner Heimath zu 2c. erquicket, und das Lied: Christus der ist mein Leben 2c. und aus dem Liede: Alle Menschen müssen sterben 2c. die Verse: JEsus ist für mich gestorben, und sein Tod ist mein Gewinn, er hat mir das Heil erworben: drum fahr ich mit Freuden hin, hin aus diesem Welt-Getümmel, in den schönen GOttes Himmel, da ich werde allezeit schauen die Dreyfaltigkeit 2c. sang sie mit heller Stimme und ausnehmender Andacht und genauester Zueignung auf sich selbsten, so, daß sie den Sinn aller Worte zur Verwunderung auch mit Geberden ausdrückte. Sie sagte auch auf Befragen, sie hoffe auf ihrem Todesgang so viele Standhafftigkeit und Muth, daß sie werde getrost mitsingen können.

Nachdeme nun unter glaubiger Sprechung des Lieds: Meinen JEsum laß ich nicht 2c. auch die zwey Begleiter zum Tode in die Gefängniß-Stube getretten waren, und man unsere liebe und getroste Elisabetha noch auf ein und andere Weise erbaulich und erfreulich erwecken konnte, auch inzwischen der Obrigkeitliche Befehl wiederholter kam, daß man in GOttes Nahmen ausgehen solle, so wurde noch gemeinschafftlich kniend mit ihr gebetet, und sie darauf im Nahmen der Hochgelobten Heil. Dreyeinigkeit ein- und ausgesegnet. Sie danckte darauf für alle Bemühungen der Geistlichen und wünschte dafür Göttlichen Segen.

Da sie nun hierauf ermuntert wurde, ihren Todes-Gang getrost anzutretten, so gieng sie mit muntern Schritten aus dem Gefängniß hinaus, und mit eben denselben, unter vor- und nachgesprochenen Seufzern: All Tritt und Schritt geh doch mein JEsus mit; Liebster JEsu! jeden Schritt, jeden Schritt und jeden Tritt laß geschehen dir zu Ehren, und dein Ehre zu vermehren. Und so will und thu ich dir ergeben, alles, alles was ich bin: JESU! JESU! liebstes Leben! nimm es gnädig von mir hin. Schlägt gleich Schmerdt und Unglück drein, sollen doch dein eigen seyn meine Reden, meine Sinnen, mein Gedancken, mein Beginnen 2c. 2c. die Treppe hinab, und wurde unten an der Hausthür von dem Scharfrichter empfangen und zur Haus-
genom-

genommen. Dieser bate seiner Verrichtung halber bey ihr ab, und munterte
sie zur Standhafftigkeit und Treue im Glauben an ihren JEsum auf. Sie
dancke ihm und wünschte, daß er sein Geschäfft glücklich an ihr verrichten
möge.

Gegenwärtig that er nichts anders, als daß er sie, statt sonst gewöhnli-
cher Sailer-Stricke, auf hohe Obrigkeitliche Erlaubniß, nur mit schwarzen
Banden um die Hände und auch nur um den Leib, und gar nicht über die Arme band, wobey sie aber der Ketten und Bande ihres JEsu erinnert und ge-
seufzet wurde: Lob sey dir, daß du gefangen, darum hart gebunden bist, daß
ich Freyheit könt erlangen nur durch dich, HErr JEsu Christ! Lob sey dir,
daß du geplagt, und so fälschlich bist verklagt, daß ich möchte von Beschwer-
den des Gerichts entlediget werden.

Als hierauf die Thür von dem Thurn auf die Gasse und Strasse geöff-
net wurde, so kniete sie auf die Thürschwelle nieder und empfienge vor dem
Angesicht vieler hundert Zuschauer und Zuhörer mit heller und erhabener
Stimme den Priesterlichen Seegen: Deinen Ausgang aus dem Gefängniß
und aus diesem zeitlichen Leben segne GOtt, deinen Eingang ins ewige Leben
segne GOtt gleicher massen. Es segne dich GOtt mit JEsu dem lebendigen
Himmels-Brod. Es segne GOtt dein noch kurzes Thun und Lassen. Es segne
dich GOtt mit seeligem obgleich schmählichen Sterben, und mach dich zu einem ewig freudenreichen Himmels-Erben, Amen!

Hierauf stunde sie wieder munter auf, und setzte ihren Gang, auch neben und um sich sehend und die Leut gleichsam freundlich grüßend, getrost
fort unter anhaltenden und von ihr beständig mit lauter Stimme nachgesprochenen Seufzern und Gebet zu dem Dreyeinigen GOtt, Vatter, Sohn und
Heil. Geist. daß sie die Liebe des Himmlischen Vatters nicht verlassen, sondern ihr auch jetzt kräfftig beystehen wolle, mit den Seufzern begleitet: Weil
du mein GOtt und Vatter bist, dein Kind wirst du verlassen nicht, du vätter-
liches Herz! ich bin ein armer Erden-Klos, auf Erden weiß ich keinen Trost.
O Vatter der Barmherzigkeit, ich fall dir noch zu Fusse, verwirff nicht die
die zu dir schreyt, und thut rechtschaffne Buße; Dein Angesicht in Gnaden
richt auf mich nicht nur betrübte, sondern auch bekehrte und erquickte Sünderin. Gib ferner Blick so mich erquick, und alle Angst sich mindre. Eröff-
ne mir dein Vatter-Herz, die Quelle wahrer Liebe: vergib die Sünd, heil allen Schmerz! hilf, daß ich mich jetzt übe in dem, was dir gefällt an mir,
und

und alles Böse meide, damit ich fahr zur Engelschar hinauf in deine Freude,
rc. Daß sie die JEsus Treue, ihres zum Tod ausgeführten Heilandes, ihrer
gecreuzigten Liebe unterstützen werde, wobey man seufzete: Allein zu dir,
HErr JEsu Christ! mein Hoffnung steht auf Erden: Ich weiß, daß du mein
Heiland bist, kein Trost mag mir sonst werden; Kein Menschenkind war je
gebohrn, wie auch kein Engel auserkohrn, der mir aus Nöthen helffen kan,
dich ruff ich an, zu dem ich mein Vertrauen han. Sind meine Sünd schon
schwer und übergroß, noch reuen sie mich von Herzen, derselben machst du
mich quitt und loß durch deinen Tod und Schmerzen: Ach! zeig mich deinem Vatter an, daß du für mich hast gnug gethan, so komm ich ab der Sün-
denlast, ich laß mich fast auf das, was du mir versprochen hast. Gib mir
nach deiner Barmherzigkeit den wahren Christen-Glauben, auf daß ich deine
Süßigkeit mög inniglich anschauen; vor allen Dingen lieben dich, und meinen
Nächsten gleich als mich: am letzten End dein Hülff mir send, damit behend
des Teufels List sich von mir wend. Daß sie die Tröstungen des Heil. Geistes
stärcken und gründen möchten, mit diesen zu ihm gerichteten Seufzern: Deine Hülfe zu mir sende, O du edler Herzens-Gast! und das gute Werck voll-
ende, das du angefangen hast; Blas in mir das Füncklein auf! biß ich,
nach bald vollbrachtem Lauff allen Auserwählten gleiche, nun des Glaubens
Ziel erreiche. Meines Herzens Zuversicht! werther Geist! tröst mein Gewissen, komm, ach komm! verlaß mich nicht, Freudenquell! wollst dich ergiesz-
sen. Himmelstaube, Gnadenregen! bringe Frieden, Ruh und Segen. O du
Pfand der Seeligkeit! Noth und Tod hilff überwinden, gib mir Krafft im
letzten Streit, daß ich mög die Krone finden, die dein Gnadenwort verheissen,
so will ich dich ewig preisen. Sey mein Retter, halt mich eben: wenn ich sin-
cke, sey mein Stab: wenn ich sterbe, sey mein Leben: wenn ich lige, sey mein
Grab: wenn ich wieder aufersteh, ey! so hilff mir, daß ich geh hin, da du,
in ewigen Freuden, wirst dein' Auserwählten weiden. Nicht mein noch kurzes Leben nach deinem guten Sinn, und wenn ichs bald soll geben in Todes
Hände hin, ja ins Scharfrichtere Hände hin, wenns mit mir hier wird aus, so
hilff mir frölich sterben, und nach dem Tod ererben des ewigen Lebens-Hauß.
GOtt der Vatter wohn mir bey, und laß mich nicht verderben! JEsus Christus wohn mir bey, und laß mich nicht verderben! Heil. Geist! wohn mir bey,
und laß mich nicht verderben! mach mich aller Sünden frey, und hilff mir
seelig sterben. Für dem Teufel mich bewahr, halt mich bey vestem Glauben,
und auf dich laß mich bauen, aus Herzensgrund vertrauen, dir mich laß ganz
und gar, mit allen rechten Christen, errettich'n des Teufels Listen, mit Waffen
GOttes mich rüste. Amen! Amen! das sey wahr. So bete ich Alleluja.

E
Ausleg.

Unter diesen hertzlich und getroſt von ihr verrichteten und nachgesproche nen Seufzern kame man vor dem Rathhauß an, wo ſie das letzte Urthel an hören, und den Stab über ſich und vor ihrem Angeſicht brechen laſſen mußte. Man unterhielte ſie hier während dieſer Handlung mit ihrem JEſu, den ſie ſchon jetzt nicht mehr und noch vielweniger dort vor dem allgemeinen Gericht als einen ſtrengen Richter, ſondern als ihren gnädigen Heiland erblicken, und ihr Haupt mit Freuden empor heben werde und könne, weilen ſich auch jetzt und denn ihre völlige Erlöſung nahe und ihr zuruffe: Ey du nun fromme und ge treue Magd, du biſt noch in wenigen Tagen getreu geweſen und worden: Ich will dich über viel ſetzen, gehe ein zu deines HErrn ewigen Freuden.

Man betete ihr vor, und ſie ſprach es Silbenweiß nach, das gantze Lied: Iſt GOtt für mich, ſo trette gleich alles wider mich ꝛc. wobey ſie ſonderlich mit rühreten die Verſe: Nichts, nichts kan mich verdammen, nichts nimmt mir Muth und Hertz, die Höll und ihre Flammen, die ſind mir nur ein Scherz; kein Urtheil mich erſchrecket, kein Unheil mich betrübt, weil mich mit Flügeln be cket mein Heiland der mich liebt. Die Welt die mag zerbrechen, du ſtehſt mir ewiglich; kein Schwerdſtreich, Hauen, Stechen, ſoll trennen mich und dich; kein Hunger und kein Dürſten, kein Armuth, keine Pein; kein Zorn des groſ ſen Fürſten ſoll mir ein Hindrung ſeyn. Kein Engel, keine Freuden, kein Thron, kein Herrlichkeit; kein Lieben und kein Leiden, kein Angſt, kein Hertzeleid; was man nur kan erdencken, es ſey klein oder groß, der keines ſoll mich lencken aus deinem Arm und Schoß. Mein Hertze geht in Springen, und kan nicht trau rig ſeyn, iſt voller Freud und Singen, ſieht lauter Sonnenſchein; die Sonne, die mir lachet, iſt mein HErr JEſus Chriſt: das, was mich frölich machet, iſt was im Himmel iſt.

Da nun hiemit die Urgicht verleſen und der Stab gebrochen wurde, dancke te unſere auch hier hertzhafft geſtandene Eliſabetha mit aufgerichtetem Ange ſicht, heller Stimme und wiederholtem Bücken der lieben Obrigkeit vor die gnädige und wohlverdiente Straffe. Sie aber wurde nun ferner erwecket und erinnert, daß ſie im Angedencken ihres aus Jeruſalem nach Golgatha gegan genen JEſu, auch aus ihrer Vatter-Stadt gehen, und ihren letzten Todesgang im Glauben an ihren auch um ihretwillen verurtheilten, zum Tod ausgeführ ten und gecreutzigten JEſum getroſt fortſetzen, und ſich ja nicht dafür halten ſolle, daß ſie etwas wiſſe, ohne allein ihren gecreutzigten JEſum; ſie ſolle aber auch im Gedächtniß halten JEſum, der von den Todten auferſtanden, und alſo im Glauben an den, der um ihrer Sünden willen dahin gegeben, aber auch um ihrer Gerechtigkeit willen auferwecket worden, seufzen: JEsu! du bist auch für mich gestorben, und dein Tod ist mein Gewinn rc. Und weil du vom Tod erstanden bist, werd ich im Grab nicht bleiben: mein höchster Trost dein Auffahrt ist, Todsfurcht kan sie vertreiben: denn wo du bist, da komm ich hin, daß ich stets bey dir leb und bin: drum fahr ich hin mit Freuden.

Man fuhr auch weiter fort, sie in ihrem bezeugten Helden-Glauben zu stärcken, und bey getrostem Muth zu erhalten. Ey! betete man ihr vor: Ey nun, mein GOtt! so fall ich dir getrost in deine Hände: nimm mich, und mach es du mit mir biß an mein letztes Ende, wie du wohl weißt, daß meinem Geist dadurch sein Nutz entstehe, und deine Ehr je mehr und mehr sich in ihr selbst erhöhe. Unverzagt und ohne Grauen soll ein Christ, wo er ist, stets sich lassen schauen; Wollt ihn auch der Tod aufreiben, soll der Muth dannoch gut und fein stille bleiben. Dann der Tod ist verschlungen in den Sieg, Tod wo ist dein Stachel rc. rc. Also: Der Tod mit seiner Macht, wird nichts bey mir geacht, er bleibt ein Todesbild, und wär er noch so wild. Ich hang und bleib auch hangen an Christo als ein Glied: wo mein Haupt durch ist gangen, da nimmt es mich auch mit. Er reiset durch den Tod, durch Welt, durch Sünd und Noth, er reiset durch die Höll, ich bin stets sein Gesell. Ich bin ein Glied an JEsu selb, des tröst ich mich von Herzen: von dir ich ungeschieden bleib in Todesnoth und Schmerzen: wenn ich gleich sterb, so sterb ich dir, ein ewig's Leben hast du mir, durch deinen Tod erworben.

Unter diesen Seufzern führete man sie bey ihres Vatters Hauß vorbey, und da sie noch einen unerschrocknen Blick auf dasselbe warf, so betete man ihr vor, und sie sprach es herzhaffte nach: Fröllich will ich sterben, GOttes Güter erben, dort in jener Welt, die JEsus erworben, der für mich gestorben, ist mein Lösegeld. Liebste Eltern, Geschwistrige und Freunde, gute Nacht! Euch bewahr für allem Leide, JEsus meine Freude. Fahr hin mit den meinigen und auch mit allen Schätzen, du Trugesvolle Welt! dein Koth kan nicht ergötzen: weißt du, was mir gefällt? Der HErr ist jetzt mein Preiß, der HErr ist meine Freude und köstliches Geschmeide, zu ihm gilt meine Reiß.

Weilen unsere Elisabetha schon im Gefängniß darum, und deßwegen auch gewisse Personen gebetten hatte, daß man ihr noch auf dem Todesweg und gleichsam zu Grabe singen solte, so stimmete man nach ihrem herzlichen Ver-

lang

fangen zuerst das Lied an: Weil mein Stündlein vorhanden ist rc. In-g. Bey-
sen Kaum hatte man dieses Lied angestimmet, so fiel sie mit heller Stimme
darein, und die sie begleitende Geistlichen konten und durfften hiebey nichts
weiter thun, als ihr das tröstliche hieben zu verstehen geben, welches sie jederzeit mit Handdrücken auf ihre Brust zu erkennen gab und annahm, ja unterwegs sagte: GOtt Lob! daß ich mich so halten kan. Mit Endigung des
eben angezeigten Lied's kame man unter dem sogenannten untern Thor an,
und von demselben weg fieng man das schöne Lied zu singen an: JEsus meine
Zuversicht, und mein Heiland ist mein Leben rc. rc. Sie machte es wie bey dem
ersten Lied, und man verhielt sich auch bey diesem Lied wie bey dem ersten. Jedermann aber, wer es auch war, konte sich nicht genug über diese grosse Freudigkeit, Muth und Standhafftigkeit verwundern, die sie von GOtt gestärket,
an ih jetzt offenbar bezeugte und ablegte. Denn da man mit Endigung des
zweyten Liedes wenige Schritte noch von der Richtstatt entfernet war, und
man noch Glaubensbekenntniß, Freudigkeit und Standhafftigkeit vor GOTT
und allem Volck von ihr forderte, und daß sie nun getrost, freudig und seelig
sterben wolle, und davon in ihrer freudigen Seele überzeugt sey, so hat sie es
auch herzlich und mit heller Stimme, mit einem freudigen Ja bekräfftiget.
Darauf kniete sie noch einmal und das Letztemal vor aller Augen nieder, und
wurde aus diesem Leben aus- und ins andere ewige Leben im Nahmen der hochgelobten Heil. Dreyeinigkeit unter Gebrauch des Priesterlichen Segens rc.
eingeseegnet. Sie stellete sich darauf munter wieder auf die Füße, und nahete
sich unter Seufzern und Gebet völlig an die Richtstatt. Vor und unter derselben wurden ihr die Haare abgeschnitten, und die Kleider in etwas von dem
Halß herunter gezogen. Auch hierüber konte man keine Veränderung oder
Schrecken bey ihr im mindesten wahrnehmen, sondern, da sie von einem
Scharfrichter, der das obige Geschäfft verrichtete, erinnert wurde, wenn sie
mit der lieben Geistlichkeit noch etwas zu sprechen hätte, könte sie es thun, so
gab sie in Antwort: Ich bin in meines JEsu Blut, Tod und Verdienst quitt
und loß. Darauf gienge sie unter dem Seufzer: Weil ich denn soll des Todesweg und finstere Strasse reisen, wohlan, so trett ich Bahn und Steg, den
mir deine Augen weisen: Du bist mein Hirt, der alles wird, zu solchem Ende
lehren, daß ich nun bald in deinem Saal dich ewig werde ehren, die Richtstatt
Treppe getrost und muthig hinauf, nahete sich unter dem Seufzer: Weil ich
denn nun soll scheiden, so scheide, O JEsu! nicht von mir; weil ich den Tod
soll leiden, so trit du nun herfür: will mir am allerbängsten jetzt um das
Herze seyn, so reiß mich aus allen Aengsten, Krafft deiner Angst und Pein

Eu-

Erkehre mic zum Schilde, zum Trost in meinem Tod, und laß mich sehn dein
Bilde in deiner Creutzes Noth, so will ich nach dir blicken, so will ich Glaubens
voll dich vest an mein Herz drücken, so sterb ich sanfft und wohl! dem Stuhl,
setzte sie sich selber auf denselben nieder, und nach verhülletem Angesicht empfienge sie unter dem letzten Seufzer: In deine Hände befehl ich meinen Geist,
ꝛc. den sie herzhafft und laut, wie alles andere, nachsprach. GOtt Lob! den
Schwerdtstreich glücklich, so glücklich, daß der Leib unbeweglich auf dem Stuhl
sitzen blieb, und von den Scharfrichtern sanfft auf die Erde, und das abgeschlagene Haupt dazu geleget wurde. Hier seufzete man noch kurz: Tausend,
tausendmal sey dir, liebster GOtt und JEsu Danck dafür.

Noch wurde darauf eine kurze Stand-Rede gehalten, die aber, damit
dieses Werck nicht zu weitläufftig werden möchte, nicht dem völligen Innhalt
nach, sondern nur summarisch nach derselben in sich gehaltenen Puncten angezeiget wird.

Mit den Worten: Der HErr seye mit euch allen, wurde diese Rede angefangen und beschlossen, und von dem Redner gleich anfänglich angezeiget,
daß, ob ihme wohl aus vielen erheblichen Ursachen, und darunter sonderlich
wegen der entsetzlichen und unter und bey uns über Menschen Gedencken un-
erhörten That, und wegen der noch nie, aber jetzt, leider! noch zu frühe ge-
habten Beschäfftigung, die Zunge an seinem Gaumen kleben solte. so könne er
doch nicht schweigen, und wolle noch ein Dreyfaches Wort, GOtt gebe!
zu seinen Ehren, und des Nächsten Erbauung reden: Und zwar

Erstlich: Ein Warnungs- und Schröckungs-Wort aus dem Buch der
Richter Cap 19. wobey auf die Umstände des ganzen Capitels überhaupt,
insbesondere aber auf Vers 15. und 26. gesehen wurde, die also lauten: Als
er nun heim kam, nahm er ein Messer und fassete sein Kebsweib und stückte
sie, mit Bein und allem in zwölf Stücke, und sandte sie in alle Gränze Israel.
Wer das sahe, der sprach: Solches ist nicht geschehen noch gesehen, seit der
Zeit die Kinder Israel aus Egyptenland gezogen sind, biß auf diesen Tag. Nun
bedencket euch über dem und gebet Rath und saget an. Man schilderte das
erschröckliche in einem Fall wie in dem andern, und also sowohl in der in dem
Capitel enthaltenen grausamen That, als in der Anwendung derselben auf die
von unserer Kindermörderin verübte Bosheit. Da nun hier der Heroismus
des Levitischen Mannes um so weniger weder erlaubt noch nöthig war, als die
hohe Obrigkeit in Gerechtigkeit das Schwerdt an ihr hat schneiden lassen, so thate doch der Redner dieses, daß er das abgeschlagene Haupt ergriff, in seine Hand
nahm, und zum Schrecken und Warnung dem herumstehenden und ve. sam

E 3

 seten Völck zeigete, mit der Bitte, daß man es allenthalben sagen, sich darüber bedencken und nach GOttes Wort Rath geben und schaffen solle, daß dergleichen und andere entsetzliche Sündenthaten abgewendet und nimmermehr gehöret werden. Ach daß doch dieses zur Warnung und Schröcken gezeigte abgeschlagene Haupt und die dabey vorgekommene Reden ihren Zweck erreichet haben, und noch erreichen möchten! Man trug vor

Zweytens: Ein Ermahnungs- und Trost-Wort aus Ebr. 13, v. 7. dessen Schluß zu unserm Zweck also lautet: Welcher Ende schauet an und folget ihrem Glauben nach. Hier wurde denn auffer dem Context und Zusammenhang bloß auf unsere in Gerechtigkeit justificirte gezeiget, daß wir allein auf ihr erbauliches Ende und den in- und bey demselben bezeugten standhafften Glauben zu sehen haben. Nicht auf ihr voriges und ganzes Leben, das nicht erbaulich, sondern ärgerlich, nicht gottselig, sondern gottloß gewesen. Vor diesem solle sich ein jedes hüten und warnen lassen, daß es nicht in gleiche Sünden und in gleiche entsetzliche Straffe gerathe. Aber ihr Ende könne und solle ein jedes zur Ermahnung und Trost anschauen, und ihrem biß in Tod so freudig, muthig und standhafft bewiesenen Glauben nachfolgen. Es seye keines unter uns, das sich nicht darüber, und über die ihr von GOtt hierinnen verliehene Gnade verwundern und dieselbe preisen müsse. Niemand aber solle es dahin mißbrauchen und dencken: Ich will zuvor thun, was der Brief vermag, und denn mich vor meinem Ende auch bekehren: Ach hüte dich für Sicherheit! gedencke nicht es ist noch Zeit, ich will zuvor recht frölich seyn, und wenn der Tod bricht bey mir ein, will ich alsdann bekehren mich, GOtt wird wohl mein erbarmen sich. Wahr ist es, GOttes Gütigkeit ist zwar dem Sünder stets bereit: doch wer auf Gnade sündigt hin, fähret fort in seinem bösen Sinn, und seiner Seelen selbst nicht schont, dem wird mit Ungnad abgelohnt. Gnad hat dir zugesaget GOtt, von wegen Christi Blut und Tod: zusagen hat er nicht gewolt, ob du biß morgen leben solt. Daß du mußt sterben, ist dir kund, verborgen ist des Todes Stund! Jetzt lebst du, jetzt bekehre dich, vor morgen kans noch ändern sich! Wer heut ist frisch, gesund und roth, ist morgen kranck, ja wohl gar tod: Hast du nicht recht bekehret dich, so wirst du brennen ewiglich! Hilf, O HErr JEsu! hilf du mir, daß ich jetzt komme bald zu dir, und Buße thu den Augenblick, eh mich der schnelle Tod hinrück, auf daß ich heut und jederzeit zu meiner Heimfahrt sey bereit. Ach daß doch dieses Ermahnungs- und Trost-Wort gesegnet sey! ꝛc.

4. Man stellete endlich vor

Drit

Drittens: Ein Lob-Danck-und Bitt-Wort aus und nach Matth. 22
v. 21. So gebet dem Kayser, was des Kaysers ist, und GOtt was GOttes ist.
Man zeigte hieben vor allen Dingen

GOtt zu geben was GOttes ist, wo denn wiederum überhaupt erinnert
wurde, daß man GOtt geben solle und müsse, den ganzen Ihme schuldigen
Dienst nach dem Worte Christi Matth. 4, v. 10. Du solt anbeten GOtt deinen HErrn und ihm allein dienen. rc. Insonderheit aber sollen und wollen
wir GOtt Lob und Danck, Bitte und Gebet geben:

Lob und Danck, ewiges Lob und ewigen Danck geben wir dir Dreyeinigem GOtt, Vatter, Sohn und Heil. Geist vor alle die Gnade und Barmher-
tzigkeit, die du unverdienter Weise an unserer armen justificirten Sünder in
erzeiget, sie zur reumüthigen Erkänntniß ihres grossen und schweren Sünden-
Elendes, zum lebendigen Glauben an ihren Heiland, Erlöser und Seeligma-
cher JEsum Christum, und daraus zur gewissen Versicherung der Vergebung
ihrer Sünden im Zeugniß des Heil. Geistes, im Trost des Göttlichen Worte,
rechten Gebrauch der Hochwürdigen Heil.Sacramenten, durch die Erneuerung
des Taufbundes und würdigen Genuß des Heil. Abendmahls, weiter aber auch
zur gewissen Hoffnung des ewigen Lebens und grosser Freude und Standhafftigkeit, auch eines schmählichen aber wohl verdienten Todes gebracht, und
alle Arbeit im HErrn so reichlich, so erfreulich und so wunderbar gesegnet
hast rc.

Bitte und Gebet geben wir aber auch dir Dreyeinigem GOtt, Vatter, Sohn
und Heil. Geist, und daß du in Zukunfft unsere Stadt und Land vor dergl. solchen und anderm Aergerniß, ver dergleichen und andern schweren in Himmel
schreyenden Sünden gnädiglich behüten und bewahren, und herentgegen die
Furcht des HErrn in uns pflanzen wollest, daß wir vor dir dem allmächtigen
GOtt wandeln und fromm seyen, und in der Gottseeligkeit uns üben, welche
zu allen Dingen nutz ist und die Verheissung dieses und des zukünfftigen Lebens hat. rc.

Man zeigte hieben auch, dem Kayser oder unserer hohen und lieben Obrigkeit
zu geben, was des Kaysers und der lieben Obrigkeit ist. Solle man nun GOtt
über alles fürchten, so solle man auch den König oder die liebe Obrigkeit überhaupt ehren, und jedermann der Obrigkeit unterthan seyn, die Gewalt über
einen hat rc. rc. Insonderheit aber sollen wir in gegenwärtigem Fall unserer
Hochwerthesten Obrigkeit das hier ihr gebührende Lob und Danck, Bitte
und Gebet geben.

Lob und Danck statten wir der hohen Obrigkeit öffentlich ab, daß sie das Schwerdt in Gerechtigkeit schneiden lassen, Recht und Gerechtigkeit gehandhabet; und die Bosheit andern zum abscheulichen Exempel gestraffet, aber auch Zeichen der Milde und der Gnade, besonders auch bey der Ausführung in der erlaubten weissen Kleidung und schwarzen Banden, und bey der Begräbniß in dem gestatteten Sarg gegeben hat ꝛc.

Bitte und Gebet thun wir auch für unsere theure Obrigkeit und vor uns, daß der liebe GOtt Sie und uns in die Zukunfft vor dergleichen und anderem Aergerniß, Sünden, Schanden und Lastern in Gnaden behüten und bewahren; herentgegen aber seine Gnade und Segen dahin und dazu verleihen wolle, daß wir nach der Ermahnung Pauli 1 Tim. 2, v. 1. sq. für allen Dingen thun Bitte, Gebet, Fürbitte und Dancksagung für alle Menschen, für die Könige und für alle, also besonders für unsere liebe Obrigkeit, auf daß wir unter ihr ein geruhliches und stilles Leben führen mögen, in aller Gottseeligkeit und Ehrbarkeit.

Wer nun dieses sehnlich und herzlich verlanget, der seufze auch zum Beschluß also.

HERR! erbarme dich über uns,
Christe JESU! erbarme dich über uns,
Heiliger Geist! erbarme dich über uns.
    Vatter unser, der du bist im Himmel ꝛc. ꝛc.
Der HERR seye mit uns allen, Amen.

Auf dieses alles wurde nun der Leichnam unserer entseelten Elisabetha in den von der hohen Obrigkeit erlaubten Sarg geleget, und in demselben zur Begräbniß an Ort und Stelle geführet. Die begleitende Geistlichen giengen in erbaulichen Gedancken hinter dem Gefährte, und sahen auf dem armen Sünder Gottes-Acker, bey St Georgi, der Bestattung zu. Woben sie nicht unterliessen ihre Seufzer und Gebet in der Stille zu GOtt zu schicken, und Ihme den herzlichsten Danck vor alle hierinnen erzeigte Gnade und Barmherzigkeit, Hülffe und Beystand zu erstatten. Ja

Nicht uns HErr! nicht uns, sondern deinem Nahmen gib und sey Ehre um deine Gnade und Warheit, in alle Ewigkeit.
A M E N.

Lob und Danck statten wir der hohen Obrigkeit öffentlich ab, daß sie das Schwerdt in Gerechtigkeit schneiden lassen, Recht und Gerechtigkeit gehandhabet; und die Bosheit andern zum abscheulichen Exempel gestraffet, aber auch Zeichen der Milde und der Gnade, besonders auch bey der Ausführung in der erlaubten weissen Kleidung und schwarzen Banden, und bey der Begräbniß in dem gestatteten Sarg gegeben hat ꝛc.

Bitte und Gebet thun wir auch für unsere theure Obrigkeit und vor uns, daß der liebe GOtt Sie und uns in die Zukunfft vor dergleichen und anderm Aergerniß, Sünden, Schanden und Lastern in Gnaden behüten und bewahren; herentgegen aber seine Gnade und Segen dahin und dazu verleihen wolle, daß wir nach der Ermahnung Pauli 1 Tim. 2, v. 1. sq. für allen Dingen thun Bitte, Gebet, Fürbitte und Dancksagung für alle Menschen, für die Könige und für alle, also besonders für unsere liebe Obrigkeit, auf daß wir unter ihr ein geruhliches und stilles Leben führen mögen, in aller Gottseeligkeit und Ehrbarkeit.

Wer nun dieses sehnlich und herzlich verlanget, der seufze auch zum Beschluß also:

HERR! erbarme dich über uns,
Christe JESU! erbarme dich über uns,
Heiliger Geist! erbarme dich über uns.
 Vatter unser, der du bist im Himmel ꝛc. ꝛc.
Der HERR seye mit uns allen, Amen.

Auf dieses alles wurde nun der Leichnam unserer entseelten Elisabetha in den von der hohen Obrigkeit erlaubten Sarg geleget, und in demselben zur Begräbniß an Ort und Stelle geführet Die begleitende Geistlichen giengen in erbaulichen Gedancken hinter dem Gefährte, und sahen auf dem armen Sünder Gottes-Acker, bey St. Georgi, der Bestattung zu. Wobey sie nicht unterliessen ihre Seufzer und Gebet in der Stille zu GOtt zu schicken, und Ihme den herzlichsten Danck vor alle hierinnen erzeigte Gnade und Barmherzigkeit, Hülffe und Beystand zu erstatten. Ja:

Nicht uns HErr! nicht uns, sondern deinem Nahmen gib und sey Ehre um deine Gnade und Warheit, in alle Ewigkeit,
 A M E N.

Lob und Danck statten wir der hohen Obrigkeit öffentlich ab, daß sie das Schwerdt in Gerechtigkeit schneiden lassen, Recht und Gerechtigkeit gehandhabet; und die Bosheit andern zum abscheulichen Exempel gestraffet, aber auch Zeichen der Milde und der Gnade, besonders auch bey der Ausführung in der erlaubten weissen Kleidung und schwarzen Banden, und bey der Begräbniß in dem gestatteten Sarg gegeben hat rc.

Bitte und Gebet thun wir auch für unsere theure Obrigkeit und vor uns, daß der liebe GOtt Sie und uns in die Zukunfft vor dergleichen und anderem Aergerniß, Sünden, Schanden und Lastern in Gnaden behüten und bewahren; herentgegen aber seine Gnade und Segen dahin und dazu verleihen wolle, daß wir nach der Ermahnung Pauli 1 Tim. 2, v. 1. sq. für allen Dingen thun Bitte, Gebet, Fürbitte und Dancksagung für alle Menschen, für die Könige und für alle, also besonders für unsere liebe Obrigkeit, auf daß wir unter ihr ein geruhliches und stilles Leben führen mögen, in aller Gottseeligkeit und Ehrbarkeit.

Wer nun dieses sehnlich und herzlich verlanget, der seufze auch zum Beschluß also:

HERR! erbarme dich über uns,
Christe JESU! erbarme dich über uns,
Heiliger Geist! erbarme dich über uns.
    Vatter unser, der du bist im Himmel rc. rc.
Der HERR seye mit uns allen, Amen.

Auf dieses alles wurde nun der Leichnam unserer entseelten Elisabetha in den von der hohen Obrigkeit erlaubten Sarg geleget, und in demselben zur Begräbniß an Ort und Stelle geführet. Die begleitende Geistlichen giengen in erbaulichen Gedancken hinter dem Gefährte, und sahen auf dem armen Sünder Gottes-Acker, bey St Georg, der Bestattung zu. Wobey sie nicht unterliessen ihre Seufzer und Gebet in der Stille zu GOtt zu schicken, und Ihme den herzlichsten Danck vor alle hierinnen erzeigte Gnade und Barmherzigkeit, Hülffe und Beystand zu erstatten. Ja:

Nicht uns HErr! nicht uns, sondern deinem Nahmen gib und sey Ehre um deine Gnade und Warheit, in alle Ewigkeit,
A M E N.